Conoce todo sobre SEO luego existo

El día en el que el SEO de mi web acabó con mi tiempo libre

2ª Edición

Conoce todo sobre SEO luego existo

El día en el que el SEO de mi web acabó con mi tiempo libre

2ª Edición

Miguel Ángel Gómez

Ra-Ma®

SEO luego existo. El día en el que el SEO de mi web acabó con mi tiempo libre. 2ª edición
© Miguel Ángel Gómez
© De la edición: Ra-Ma 2016
© De la edición: ABG Colecciones 2020

Editado por:
RA-MA Editorial
Madrid, España

Colección American Book Group - Negocios y Empresa - Volumen 6.
ISBN No. 978-168-165-730-1
Biblioteca del Congreso de los Estados Unidos de América: Número de control 2019935063
www.americanbookgroup.com/publishing.php

Maquetación: Antonio García Tomé
Diseño de portada: Antonio García Tomé
Arte: Creativeart / Freepik

Gracias al SEO de mi web he podido vivir grandes experiencias.
A través de la misma me han podido encontrar personas maravillosas
con las que he trabajado y con las que ahora tengo
una buena relación de amistad.

A parte de haber sentido una espectacular sensación de realización
personal, he aprendido y crecido como profesional.

Este libro va dedicado a las personas que creen en sí mismas, las que buscan
continuamente reinventarse, las que siempre quieren algo más.
Las que no se conforman.
Como mi amigo Agustín Grau los llama,
"a los emprendedores con corazón".

A mi familia y amigos. A Silvia.

*Gracias al SEO de mi web he podido vivir grandes experiencias.
A través de la misma me han podido encontrar personas maravillosas
con las que he trabajado y con las que ahora tengo
una buena relación de amistad.*

*A parte de haber sentido una espectacular sensación de realización
personal, he aprendido y crecido como profesional.*

*Este libro va dedicado a las personas que creen en sí mismas, las que buscan
continuamente reinventarse, las que siempre quieren algo más.
Las que no se conforman.
Como mi amigo Agustín Grau los llama,
"a los emprendedores con corazón".*

A mi familia y amigos. A Silvia.

ÍNDICE

ACERCA DEL AUTOR

Miguel Ángel Gómez es desarrollador Senior Full Stack, capacitado para desarrollar proyectos desde la etapa inicial hasta su publicación final. Es un experimentado programador, especializado en la parte técnica del posicionamiento web.

Autodidacta nato, abandona los estudios universitarios para dedicarse de lleno a su carrera profesional ya que en su opinión para obtener los conocimientos necesarios que te permitan desarrollar proyectos exitosos se ha de invertir cuatro o cinco veces más tiempo con la formación tradicional qué obteniéndolos mediante cursos o libros especializados. Al abandonar la universidad se convirtió en emprendedor realizando diversos proyectos de éxito adoptando la figura del freelance, trabajando para empresas localizadas tanto en España como en el extranjero.

Con la notoriedad que le ha ido dando su sitio web, se ha ido convirtiendo en un experto en posicionamiento y desarrollo de esta materia. En su blog personal habla de estrategias, métodos, técnicas y herramientas que le han ayudado a ir avanzando y desarrollando cada día nuevos proyectos.

Conseguir nuevas metas es algo con lo que se siente realizado personalmente y que le anima a seguir creando y aprendiendo.

En su blog, *www.miguelgomezsa.com*, encontramos contenido de mucho valor relacionado con SEO, redes sociales, Adwords, SEM, rendimiento web, Wordpress, PHP, desarrollo web, diseño responsive, marketing y temáticas afines.

PRÓLOGO

Vivimos en la era de más abundancia en la historia de la humanidad.

Sé que much@s seguirán preocupad@s por las crisis pasadas, las actuales, las venideras... pero eso no debe ser óbice para apreciar la verdadera realidad en la que nos encontramos:

Hay infinitas posibilidades de poner en marcha proyectos y empresas.

Vivimos en un mundo globalizado en el que los ingresos pueden venir de cualquier parte del globo.

Y las modernas tecnologías, entre las que Internet ocupa un lugar predominante, nos brindan la posibilidad de beneficiarnos de todo ello: ingresos infinitos de todo tipo de personas a través de múltiples proyectos, cómodamente realizados desde un terminal con independencia del lugar en el que nos encontremos.

Es una auténtica revolución en los negocios, el emprendimiento y la manera de enfocar nuestro desarrollo profesional y económico.

Hoy en día cualquier persona puede tener una idea, transmitirla al planeta a través de una página web, dar la vuelta al mundo y obtener beneficios con ella de modo constante y recurrente y sin salir de su casa. Y además a un coste mínimo. ¿No es esto abundancia: gastar poco y ganar mucho?

Olvidémonos de adquirir costosos locales, mantener empleados, abonar suministros... Ideas millonarias pueden surgir desde un ordenador y lanzarnos a lo más alto. ¿Quién no querría apuntarse? Las viejas formas han muerto y el mundo es difícil que vuelva a ser como antes. Tampoco lo necesitamos: la realidad, el progreso y la ausencia de limites están aquí y ahora, disponibles para quien quiera beneficiarse de ellos.

Pero para conseguir todo eso hay que hacer las cosas bien, lo cual significa, entre otras acciones en Internet, posicionar nuestros proyectos para que sean mostrados a la mayor cantidad posible de personas. Es lo que se denomina SEO y de lo que Miguel Ángel Gómez nos habla en su libro, una completísima información para quien quiera adentrarse en la materia.

El control y el poder en el mundo digital lo tienen los buscadores, y cuando hablamos de buscadores nos referimos a Google en primer lugar. El gigante de la red decide a quién mostrar y a quién no en sus listados de acuerdo a sus criterios, también llamados algoritmos. Para salir, es decir, para que nos preste atención, debemos hacer las cosas a su gusto. Es el que tiene el poder y poco hay que decir al respecto. Si sales, te ven y vendes. Si no sales, ni te ven ni vendes. Y para salir hay que hacer las cosas al gusto del buscador. No hay mucho más que decir.

Conocer los pasos a dar y las estrategias a seguir para posicionar nuestro proyecto web en los primeros lugares de los resultados, es toda una tarea a la que debemos aplicarnos si queremos conseguir visibilidad y, en consecuencia, beneficios.

Siempre se ha dicho que la información es poder, y en este caso más si cabe.

Miguel Ángel Gómez nos brinda las claves para aparecer con nuestros sitios web en los lugares privilegiados del universo digital, en la primera página y, mejor aún, en el primer puesto. No es imposible ni difícil, simplemente hay que conocer la información y aplicarla. Pese a su corta edad, el autor nos muestra el camino a recorrer gracias al que él ha recorrido y al aprendizaje que se ha auto impuesto. Pocos lugares de referencia hay en este campo donde acudir, y menos que contengan la información de forma compacta y ordenada. De ahí la grandeza y utilidad del libro de Miguel Ángel.

Deseo a todos los lectores que disfruten con su lectura y, sobre todo, que lleven a la práctica las estrategias y consejos que nos ofrece el autor.

Dos cosas son necesarias para triunfar: una, tener el conocimiento; dos, aplicarlo.

El conocimiento lo tenemos en este manual. Su aplicación queda al arbitrio de cada uno.

Les deseo lo mejor y, sobre todo, muchos, muchos éxitos.

AGUSTÍN GRAU

Autor de *La fórmula del éxito* y *Libertad financiera en dos pasos*.
www.agustingrau.com.

NOTA INTRODUCTORIA

He dedicado tiempo como profesional en la materia a investigar, comprobar y recopilar toda la información que aparece en este libro. Me he documentado de diferentes profesionales y empresas del sector, así como contrastado toda la información circulante de la red.

Todo el contenido del libro está escrito basándome en mi experiencia, en largas labores de investigación y comprobación de las técnicas nombradas. Sin embargo, dicho contenido puede no permanecer actualizado a medida que el tiempo transcurra, debido mayormente a la rapidez con la que la tecnología avanza, sobre todo en materia de SEO.

La función principal de este libro es la ayuda y formación de las personas que sean usuarios medios o expertos en la materia. Como en todo, el lector asume la responsabilidad del uso de las técnicas a que se hace referencia.

1

MI HISTORIA Y POR QUÉ ESTE LIBRO LE VA A EXPLICAR TODO LO QUE NECESITA SABER SOBRE SEO

Permítame darle mi más cordial bienvenida a este libro, con el que conseguirá dar un salto de gigante en sus conocimientos sobre SEO y alcanzar grandes logros en sus proyectos web.

Tanto si es usted un apasionado de esta disciplina (y de la temática web en general), como si se considera un mero principiante, lo cierto es que va a aprender una serie de técnicas y consejos que le servirán para mejorar su proyecto web, haciéndolo llegar a muchas personas gracias al hecho de alcanzar los primeros puestos en los resultados de búsqueda de Google.

Si lo que desea es simple y llanamente ese resultado (llegar a ser el primero en Google), puede obviar esta primera parte introductoria y dirigirse directamente a la segunda. Mi consejo, no obstante, es que continúe acompañándome para conocer quién soy, a qué me dedico, qué proyectos he llevado a cabo y qué he conseguido hasta ahora. De esta forma, comprobará que todo lo aprendido me permite enseñarle lo que necesita saber sobre SEO, desde los aspectos más básicos hasta los más avanzados.

Y ahora le diré por qué elegir este libro para aprender SEO.

A la hora de llevar a cabo cualquier proyecto, sea web o en el mundo del emprendimiento en general, es muy importante conocer a quién nos dirigimos, cuál es nuestro público objetivo. Esto mismo será una de las primeras cosas que veremos en este libro.

Puede que sea usted un estudiante de informática o *marketing*; puede que tenga su propio negocio con un producto novedoso y quiera llegar a más personas; tal vez sea un emprendedor que desea ofrecer sus servicios y conseguir clientes; puede que ya tenga un sitio web y quiera llegar donde nunca antes había llegado; también puede que sea un mero conocedor o principiante en la materia y quiera expandir sus conocimientos; puede que sea un profesional del posicionamiento web o tal vez proceda del mundo del *marketing*. En cualquier caso y en definitiva, lo que va a aprender le reportará interesantes beneficios. En mi opinión, siempre podemos aprender algo nuevo y este caso no va a ser una excepción.

Vamos a tratar todos los aspectos del SEO: desde los más básicos hasta los más avanzados, tanto los relacionados con el mundo web y la programación *stricto sensu,* como los relacionados con disciplinas aledañas: el *marketing*, las redes sociales…

Puede ser que posea usted un sitio web o esté pensando en tener uno, ya sea a medida o mediante cualquier gestor de contenidos (CMS) tipo Wordpress, Drupal, Joomla... Puede ser que tenga un negocio on line, que sea un emprendedor. Puede que tenga un negocio con varias tiendas on line y sepa que tener un buen SEO en su *e-commerce* puede marcar la diferencia entre vender mucho y no vender nada. En cualquier caso, lo que está claro es que la disciplina del posicionamiento en buscadores es absolutamente imprescindible para conseguir los objetivos deseados, como un volumen de ventas mayor, mayor número de solicitudes de servicio, dar más alcance a nuestros artículos, noticias o ideas..., en definitiva, tener más visibilidad en internet.

Aunque el posicionamiento en buscadores puede parecer complicado a priori, dada la amplitud de factores que influyen, como la competencia, el nicho de mercado, la región, el contenido, las mejoras que hagamos, el tiempo que se le dedique…. con este libro tendremos todo lo necesario para poder movernos entre todos los factores del posicionamiento web y sacarle el máximo partido a nuestra web. Además, conoceremos las herramientas necesarias para conseguirlo, así como métodos, estrategias, tácticas y trucos con los que llegar a lo profundo del corazón de esta disciplina. El objetivo es que usted se convierta en todo un profesional de la materia y pueda escalar a las primeras posiciones de los motores de búsquedas.

¿Por qué este libro le ayudará? Yo, como cualquier emprendedor, he aprendido muchas cosas por mi cuenta. Unas veces leyendo y otras probando. Usted ya conocerá que a fuerza de prueba y error se aprende, y aunque es un camino largo y a veces pesado, no cabe duda de que se trata de un camino efectivo. Mi objetivo es que usted ahorre parte de ese camino y encuentre en este libro todo lo que necesita saber. A mí me hubiera gustado contar con ayuda de este tipo cuando empecé en este amplio mundo allá por el año 2008. Desde entonces he conseguido posicionar

mi web en los mejores resultados de búsqueda para términos tan importantes como "programador web", "desarrollador web *freelance*", "mejor ebook SEO" y "ebook SEO más vendido", entre otros.

No es mi objetivo, ni imagino que el de nadie, que usted o cualquier persona siga ciegamente todo lo que hago, ni que haga exactamente todo lo que digo; creo que cada uno debe crear su propio camino. A mí me gustaría ayudarle, ofrecerle mis conocimientos y herramientas y que con ellos usted pueda ser el que consiga el éxito con su proyecto. Yo mismo, siempre que leo alguna técnica o método nuevo para mejorar el SEO, el rendimiento o cualquier aspecto de mi web, lo pruebo y me cercioro de que realmente funciona. Con ello quiero decir que no sigo especialmente a nadie, ni creo que la palabra de una persona tenga valor superior a la de otra, aunque, por supuesto, todos tengamos referentes a los que, por su experiencia y cualidades, seguimos con especial predilección.

Y ahora creo que ha llegado el momento de hablarle más sobre mí, contarle quién soy y por qué voy a explicarle lo que sé.

Mi nombre es Miguel Ángel Gómez Sánchez, soy programador web, desarrollador *full stack* y analista SEO. Puedo desarrollar proyectos a medida durante todo el periodo de vida de los mismos. Más adelante le hablaré de los que ya he desarrollado y de los que estoy desarrollando en la actualidad. Le contaré experiencias que me han hecho aprender y conocer los criterios para la toma de decisiones, así como los elementos que influyen en las diversas opciones que se suelen presentar y en la pluralidad de objetivos a perseguir.

La informática es una ciencia que abarca muchos aspectos, y otros tantos que se suman cada día. Es una ciencia, como muchas otras, en constante crecimiento y evolución, con aspectos lindantes con otras disciplinas.

En principio ha estado siempre ligada a las telecomunicaciones, las matemáticas y la electrónica. Hoy en día se la relaciona también con el *marketing*. A día de hoy lo cierto es que está en todas partes, esto es algo innegable. Nos rodea, la vemos allá donde vamos y cada vez se está expandiendo a más campos. Se podría decir que hasta nos persigue. Intentamos usarla para hacernos la vida más fácil, pero hasta cuando no es necesaria se nos hace difícil vivir sin ella.

De pequeño tenía claro que de mayor quería ser informático. Me encantaba todo lo relacionado con los ordenadores. Veía salir imágenes, sonidos... y además se podía interactuar con ellos. ¡Era increíble! La forma en la tecnología crecía y se desarrollaba tan rápido.

Por entonces todavía no sabía que esta disciplina era un campo muy amplio y, como en todo, había que elegir. De eso me di cuenta más tarde, cuando comencé los estudios. Poco a poco fui aprendiendo.

Yo era, y sigo siendo, de las personas que se preguntan cómo funcionan las cosas. Cuando aprendí a programar fue increíble. Ver que algo que acabas de escribir hace exactamente lo que uno desea que haga es una sensación maravillosa, equiparable a llegar a la meta el primero, a levantar la mano en clase cuando el profesor preguntaba y tú eras el único que sabía la respuesta... Se trataba sin duda de una experiencia realizadora y enriquecedora, de la cual se pueden sacar enormes beneficios. Una experiencia que me colocaba en el nivel de grandes creadores, de los dioses que antes que yo han programado mucho más. Me refiero a las personas que crearon los sistemas operativos que usamos actualmente: Linux, Windows, OS X.

De esta manera descubrí lo que yo quería hacer: crear, programar.

Programando se puede crear de la nada. Con un simple ordenador se puede desarrollar un programa y venderlo. El único coste que uno tiene es la mano de obra (tiempo), la energía gastada y por supuesto el ordenador, que además se puede utilizar para muchas otras cosas: jugar, escuchar música, ver películas, fotografías y otros millones de actividades que hoy en día con Internet se pueden hacer. Me di cuenta de todo esto y comencé a pensar qué cosas podían hacerle falta a la sociedad, qué aplicaciones podía programar. Fue entonces cuando empecé por ver lo que me hacía falta a mí. Y así desarrollé mi primer programa: una aplicación de música. Poco después vino mi primera web y después las siguientes: Car Sharing, Petsos, Curseando.net... proyectos todos ellos de los que hablaré más adelante.

La programación fue lo primero que me hizo comenzar a entender el SEO. Un desarrollador web con experiencia conoce los entresijos de una web, ha visto cómo ha ido evolucionando y eso le da una ventaja de cara al futuro. También puede prever los futuros cambios de la web, al menos a corto plazo. Y es que las webs cambian, y con el hecho de que cambian quiero decir que evolucionan, se adaptan a nuevas necesidades, se hacen más rápidas y accesibles...

Como he dicho antes, la informática es una ciencia en constante evolución, viva. La potencia de los ordenadores se multiplica hoy en día a velocidades agigantadas, lo cual se refleja en la vida real en avances tecnológicos, y con ello nos encontramos con nuevas forma de hacer las cosas.

Ahora mismo, en el momento de escribir este libro en 2016, hace 20 años que Bill Gates publicaba la segunda edición de su libro *Camino al futuro*. En él hablaba de "la autopista de la información", lo que actualmente se conoce como Internet. Era increíble cómo con la tecnología de entonces se podía siquiera imaginar la manera en que se transmitirían en el futuro centenares de vídeos Full HD, incluso en directo. Increíble la manera en que supo predecir cada una de las cosas que años después se hizo realidad.

La tecnología cambia, el mundo web cambia, las formas y maneras de trabajar también cambian. Los trabajos, gracias a la tecnología, se pueden desarrollar de forma más rápida y sencilla. Como programador he ido aprendiendo a aprender, y me he dado cuenta de que para ser un buen profesional se debe dedicar siempre algo de tiempo a la formación.

¿Por qué un programador para aprender SEO?

Soy un autodidacta nato. Me encanta aprender día a día y lo hago porque estoy la mayor parte del tiempo delante del ordenador. Me encanta la programación y el desarrollo web, y cuando descubrí el potencial que tenía todo ello me convertí en un apasionado de la web, lo que me llevó al SEO y posteriormente al *marketing*, todo ello imprescindible para hacer cosas de valor en Internet.

En la red de redes hoy en día hay muchísimas webs y blogs que únicamente duran tres meses, y es que mucha gente desiste al no obtener resultados. En este sentido quiero ayudarle a diferenciar el grano de la paja y a que pueda llegar lo más alto posible en las materias que vamos a tratar. Verá que no se trata de magia y que, al igual que yo, también puede conseguirlo.

Llegar a las primeras posiciones de Google no es algo que se consiga de la noche a la mañana; lleva tiempo, esfuerzo y dedicación. Yo tengo la suerte de que mi pasión y mi trabajo se entrecruzaran, y es por eso por lo que he podido adquirir amplios y profundos conocimientos. Es entonces cuando se consiguen resultados asombrosos, la magia se produce y el conocimiento se transmite. Y en este libro es lo que vamos a hacer: transmitir ese caudal de información producto de la experiencia.

Al margen de ser autodidacta, cuento igualmente con formación reglada en mi ámbito. En la universidad me gustaban los seminarios y talleres que se ofrecían: CodeIgniter, desarrollo de aplicaciones para móviles con PhoneGap, etc. En general he hecho muchos cursos: presenciales, *online*... Pero no le doy gran importancia a todo esto. Lo que realmente me ha hecho ser yo, ser quien soy, es lo que he aprendido en los trabajos realizados por cuenta propia, todo lo que he adquirido a raíz de la experiencia. También, por supuesto en el conocimiento que he ido aprendiendo al navegar por la red y examinar la información que ofrecen los motores de búsqueda, así como el que he podido adquirir al conocer a personas que se dedican a lo mismo que yo.

También quiero decir que hay mucha información al alcance de la mano y que todo el mundo, independientemente de los recursos que tenga, puede aprender y crear. El conocimiento se encuentra en todos los lugares y siempre está disponible para que cualquier persona interesada pueda aprender. Yo en parte he aprendido de otros al igual que usted mismo ahora puede aprender de mí. A continuación puede ver algunos de los ebooks que he ido leyendo a lo largo de unos años; ebooks que me han aportado conocimientos como este libro le aportará a usted.

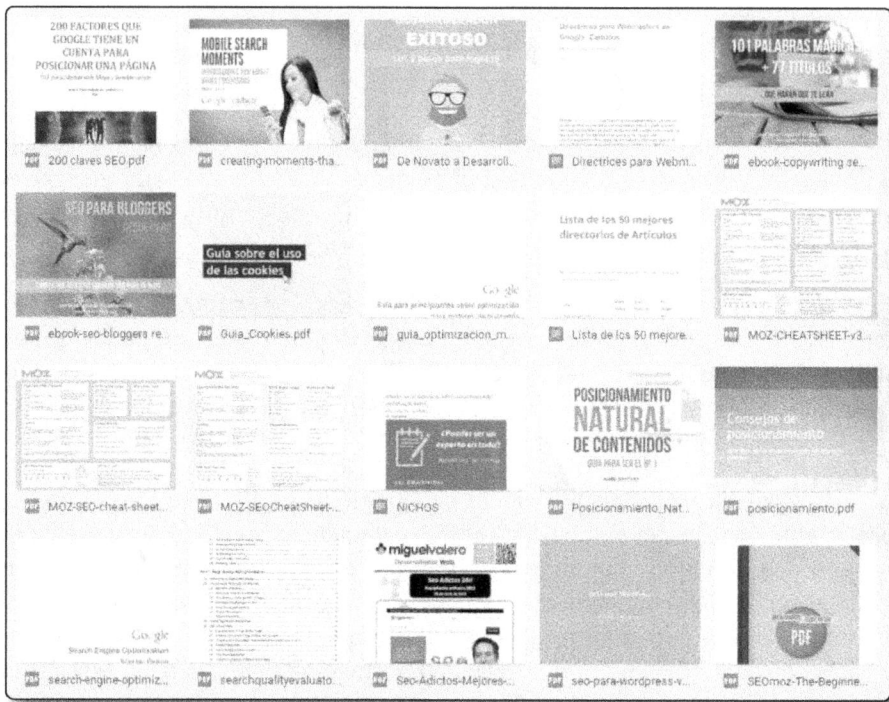

A fecha de hoy aparezco en los resultados de búsqueda de Google en las primeras posiciones si introducimos los términos "programador web", "mejor ebook SEO", "programador web *freelance*", "consultor seo Murcia", "programador web Murcia", "desarrollador web Murcia", "programador Murcia", "*freelance* web Murcia"...

Aunque no lo tenía planeado desde el principio, aparecer en el top 5 de resultados con esos términos me facilitó la obtención de increíbles trabajos y oportunidades. De no ser así, por ejemplo, nunca habría escrito este libro y no podría decir a ciencia cierta lo importante que es ser visible en Internet. En mi caso por ejemplo, el trabajo vino a mí, en vez de ser yo mismo el que, como normalmente hace cualquier persona, tenga que salir a buscarlo.

Así pues, en este libro hablaré desde mi propia experiencia sobre cómo una web puede convertirse en un hobby, en una pasión, en una forma de vida, en la base de un negocio, en una fuente de finanzas... En definitiva, en lo que uno se proponga.

Para todo esto tan solo hace falta un ordenador con un poquito de *software*.

Yo elegí decantarme por un lenguaje de programación de *software* libre, que es aquel con el que puedes programar sin abonar licencia alguna, como es el caso de PHP.

Igualmente necesitas otros tipos de *software*, como por ejemplo un servidor web tipo wamp, xamp, mamp, etc., que son gratuitos y se pueden descargar desde sus respectivas webs. O editores de texto tipo Sublime Text. Y un navegador para ver los resultados.

Ser programador me permite realizarme como persona, crear, ayudar a otras personas con sus proyectos y programar los míos. Así me gano la vida: programando desde páginas web sencillas a entornos de gestión a medida; también, cómo no, llevando a cabo actuaciones en el mundo del desarrollado móvil, desarrollando apps.

En mis comienzos empecé a programar para cubrir una necesidad propia. Quería tener mi música disponible desde cualquier lugar: en mi casa, en el lugar donde vivía mientras estaba en la universidad, en la propia universidad, en salas de estudio diferentes, en el móvil, en cualquier dispositivo que estuviera al alcance mientras hacía deporte, etc.

Creé mi propia aplicación web para escuchar música *everywhere*. Por supuesto privada, sólo compartía el acceso con mis amigos más cercanos. La aplicación es esta: *app.miguelgomezsa.com*

Satisfacía, por tanto, una necesidad mía, pero al parecer también gustó a la mayoría de las personas que la conocieron. Para mí fue todo un éxito, un incentivo para seguir creando. Además su coste fue de 0 €, es decir nada, porque lo hice en un *hosting* gratuito.

Mientras estaba en la universidad trabajé para diversas personas y empresas realizando todo tipo de labores, desde programación, administración de sistemas, gestión y creación de contenidos... Siempre a media jornada o sin turno fijo. Pero después de nueve meses decidí abandonar y continuar mis proyectos creativos dedicándoles más tiempo. Durante todo el tiempo que estaba en la universidad yo siempre pensaba en crear.

FUNDACIÓN TELEFÓNICA

Uno de los hitos más importantes en mi carrera profesional llegó con el programa Think Big de la Fundación Telefónica: *thinkbigjovenes.fundaciontelefonica. com*. La fundación me seleccionó 3 proyectos. Recibí formación presencial, talleres sobre gestión, presupuesto... Incluso asistí a una reunión con el equipo legal de la propia empresa en el distrito Telefónica.

Car Sharing

El primero de dichos proyectos fue Car Sharing: *http://thinkbigjovenes. fundaciontelefonica.com/proyectos/car-sharing (carsharingspain.com)*.

Con él empecé a usar un framework de desarrollo para PHP (Codeigniter) con el que quedé maravillado.

Aprendí a planificar proyectos, sus etapas, controlar el presupuesto... En definitiva, el ciclo de vida de un proyecto desde que ni siquiera existe como idea hasta que acaba triunfando en mayor o menor medida, o acaba por contra por ser abandonado.

Dedique mucho tiempo, ilusión y esfuerzo al que fue mi primer proyecto en solitario.

Con el mismo fui seleccionado en la I Edición Premios APPS Fundación Telefónica, lo que me llevó a crear una aplicación para Firefox OS:

Car Sharing en Firefox marketplace: *marketplace.firefox.com/app/car-sharing*

PetSOS

El segundo proyecto fue *http://thinkbigjovenes.fundaciontelefonica.com/ proyectos/petsos*

(PetSOS.es): la plataforma web donde puedes dar de alta mascotas en adopción o comunicar pérdidas de las mismas y servicios para éstas. Creé una base de datos centralizada y accesible para todos.

Cualquier persona desde cualquier lugar puede ayudar a salvar perritos, gatitos y demás animales domésticos, hámsteres… que precisen su ayuda. Cuenta con un potente buscador y otras opciones muy interesantes para los amantes de los animales.

Curseando

El tercer proyecto fue *http://thinkbigjovenes.fundaciontelefonica.com/proyectos/curseando*

(*Curseando.net*), especializada en micro cursos *online* y píldoras formativas. Se trata de una nueva y revolucionaria plataforma destinada a enseñar y aprender. Existe la posibilidad de inscribirte como profesor, crear tus cursos, buscar alumnos y ganar dinero con ello.

Todo el mundo es capaz de enseñar y siempre hay alguien dispuesto a aprender.

2

PROGRAMADOR - SEO

Después de estas experiencias personales llegué de lleno al mundo profesional y en él he llegado a convertirme en desarrollador *full stack*: una persona que puede llegar a completar el desarrollo de un proyecto, sea pequeño o mediano, desde su inicio hasta su publicación y puesta en marcha, es decir, todo lo que llamamos producción. Estamos hablando de un programador que conoce y está familiarizado con todos los niveles y fases de desarrollo de un proyecto, lo que hace que pueda anticiparse y prevenir los posibles inconvenientes.

A continuación citaré algunos de los proyectos en cuyo desarrollo he participado por cuenta propia en mayor o menor medida:

- miguelgomezsa.com
- carsharingspain.com
- petsos.es
- curseando.net
- agustingrau.com
- laformuladelexitoymas.com
- lamayorbibliotecaespiritual.com
- silviasanchezmoreno.com
- littlejulieta.com
- vuelveailusionarte.es
- legalizacionesyvisados.com
- babyyo.com
- trefiero.com/v1
- mueblecenter.es
- etxefoto.com
- abogados-gs.com
- totallookcaki.com

▰ pipobelleza.es
▰ onpeluqueria.com
▰ diegomanisoart.com
▰ auldbarcelona.com
▰ openderma.com
▰ martinezescribano.es
▰ …

También he trabajado en decenas de web por cuenta ajena en las que podemos destacar las web del Grupo Padel Nuestro.

El mundo laboral y sobre todo el mundo del emprendimiento supone una incursión fuera de nuestra zona de confort. Nos hace aprender, madurar, lidiar con problemas, con personas… Todo ello, sin duda alguna, nos proporciona gran crecimiento profesional y personal. En ese escenario descubrí que lo más importante es la libertad, y de esa forma llegué a adoptar la figura de *freelance*. Ser *freelance*, cómo la propia palabra indica, me proporciona libertad, aspecto que otras fórmulas de empleo carecen.

Una de las cosas que he aprendido en algunas empresas en las que he estado el tiempo suficiente, es que es necesario trabajar en equipo y colaborar. Ello implica estar siempre dispuesto a escuchar, tanto si eres empleado como si eres gerente. Mi consejo siempre ha sido tener al menos una reunión al mes, tanto con tu jefe o coordinador como con el último becario que haya entrado. Cualquier persona es apta para aportar ideas y conocimientos que puedan mejorar el rendimiento de la empresa.

Pero si me preguntaran de qué estoy más orgulloso de haber programado diría que de mis propios proyectos, aunque llevar a cabo uno mismo un proyecto propio tiene sus inconvenientes. Nadie me indica lo que está mal o lo que está bien, por lo que debía esperar el *feedback* del usuario. Al final, por ello, he llegado a la conclusión de que cuantas más personas colaboren en un proyecto, más posibilidades existen que tenga éxito.

2.1 MI WEB

No puedo decir con exactitud cuánto tiempo le he dedicado. Cuando mi trabajo y mi hobby se unifican, es difícil determinarlo.

¿Puedo vivir solamente de mi web? La respuesta es rotundamente sí.

Yo he conseguido posicionar mi web y aparecer en los primeros resultados de Google, que son los resultados relevantes para los usuarios. Por eso hay gente que paga por aparecer en los primeros resultados del buscador, porque le puede reportar grandes beneficios. Es lo que se conoce como SEM (*Search Engine Marketing*).

La conclusión a la que he llegado es que si tiene algo que vender u ofrecer (productos, servicios…) debe asegurarse de que la gente le encuentre; si no le ven, no existe. En caso contrario deberá pagar para aparecer, con lo cual su proyecto ya no será tan rentable.

Posteriormente, además de conseguir que le encuentren, debe conseguir que le contraten o compren sus productos, para lo que tendrá que utilizar técnicas de *marketing* y otras estrategias.

A través de mi web me contactan una gran diversidad de personas, con las que me entrevisto y estudio lo que me solicitan... En general, dispongo de varias opciones en el sitio para monetizar la web:

▼ Atender, como he indicado, directamente a los clientes, satisfaciendo sus necesidades (creación de páginas web, servicios de consultoría…).

▼ Derivar a los clientes a otras empresas que puedan satisfacer necesidades que yo no cubro.

▼ Vender productos o servicios, tanto propios como de terceros (enlaces de afiliación, mi propio ebook, ebooks de otras personas…).

En todos los casos citados estoy obteniendo un beneficio, con lo cual llegamos a la conclusión de que una página web es un buen negocio, siempre que consigamos convertir las visitas en dinero.

Mi hoja de ruta

Aunque prácticamente acabamos de empezar, ahora le contaré cómo conseguí colocar mi web en el top 10 de Google. Lógicamente lo resumiré, dado que lo interesante para mí no es lo que aparece en las siguientes líneas, sino en el resto de palabras que vienen a continuación, es decir en la parte 2 y 3 de este libro.

Yo compré mi dominio allá por el año 2012. Lo hice con la intención de aprender, programar, hacer pruebas y divertirme. Pero con él llegó mi obsesión por la perfección.

Imagen de mi web en 2012. Puede echar un vistazo en *http://web.archive. org/web/*/miguelgomezsa.com*

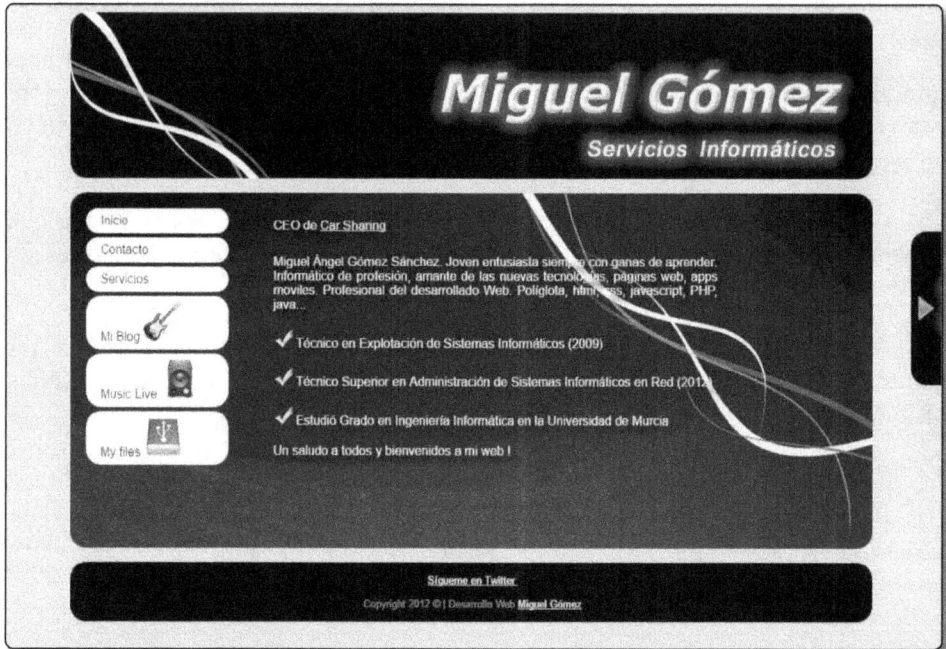

Era un desarrollo a medida, como no podía ser menos ya que soy programador. Por aquella época además los CMS no estaban tan avanzados y sus posibilidades no eran tantas como ahora. La web contaba con un gran rendimiento, aunque no era una *responsive,* las URLs no eran amigables, las imágenes no estaban optimizadas. Simplemente, aunque es cuestionable, tenía un diseño bonito.

Y ese diseño lo aproveché para hacer las tarjetas de visita.

Comencé colocando contenido afín a mí. Sin saberlo, creé contenido con las palabras clave adecuadas. Aunque no tenía ni títulos, ni negritas, ni apenas estructura, únicamente tenía tres páginas y un enlace a lo que era por entonces mi blog (el cual moneticé durante dos años), otro a mi aplicación de música, la misma que dejé de mejorar aunque sigo utilizando (mi Spotify), y otra a una aplicación con la cual se pueden gestionar archivos en la nube (mi Dropbox).

Así siguió la web hasta 2014. En ese momento decidí que tenía que hacerle un lavado de cara, demostrar todo lo que era capaz; crear marca personal y ver hasta dónde podía llegar, qué podía conseguir. Después de desarrollar Car Sharing, me puse manos a la obra. Empecé desarrollando mi propio CMS (gestor de contenidos), reciclando código que había usado para crear Car Sharing; añadí funcionalidades mejorándolo día a día; consulté aquí y allá cómo se hacían las cosas en ese momento y cuál era la tendencia de cara al futuro. No quería un desarrollo que se quedara desfasado en poco tiempo, quería algo que pudiera reutilizar, algo que me sirviera una y otra vez: una plataforma, un código que pudiera rentabilizar o vender. Mi web era tan solo el proyecto piloto. Tenía claro que aunque con este proyecto no lograra el éxito, no iba a ser el último.

El SEO es la clave. Trabajando e investigando para otros me di cuenta de que podemos tener un producto maravilloso, pero que sentados en el sofá de casa nadie va a venir a buscarnos. Me puse a trabajar en el posicionamiento de mi web como si de ello dependiera lo más grande. Y no me equivoqué. Por aquel entonces ya había programadores con sus webs personales, agencias de diseño web con webs creadas hace años, pero la web que aparecía en primer lugar en los resultados de búsqueda era la mía. Eso me ha llevado a conseguir cientos de mensajes de contacto y solicitudes de trabajo y desarrollo de proyectos.

Cuando tenía el CMS acabado, busqué un diseño y me basé en él. Al principio, mi web era solamente una *home*, tipo *landing*, con cinco apartados. El primero, donde hablo sobre mí; el segundo, donde nombro los servicios que ofrezco;

el tercero, donde, a modo de esquema, se puede ver mi trayectoria profesional; el cuarto, donde está colocado el portfolio; y el quinto y último, donde está colocado el formulario de contacto.

Me encargué de buscar y cumplir todas las recomendaciones posibles en cuanto a SEO. Aunque al principio no las cumplía, día a día voy haciendo mejoras para que todo quede lo más optimizado posible. A día de hoy aún me quedan algunas cosas por pulir. El SEO está en constante evolución y siempre tenemos algo a lo que adaptarnos.

Esa web ya me posicionaba bastante bien. Aun así, necesitaba atraer más visitas y no sólo a personas que buscaran programadores web, desarrolladores web, consultores SEO, *freelance*, etc., necesitaba abarcar más opciones. Por eso posteriormente creé el blog y empecé a publicar contenido. Contenido optimizado para Google, entradas con las que puedo jugar con las palabras clave, e incluso abrir un abanico de nuevas posibilidades a la hora de monetizar mi web, como la publicación de mi primer ebook. Eso me llevó a posicionarme en el top 10 con palabras clave como: "*hosting* gratuito opinión", "mejor ebook SEO", "Amazon SEO", "indexar en Google manualmente", "herramientas imprescindibles de Google", "AMP para la versión móvil", "htaccess SEO", "escribir optimizando para SEO", entre otras.

He ido trabajando a lo largo de todo este tiempo en tareas residuales para mejorar el posicionamiento de mi web, tales como encargarme de crear enlaces apuntando a la misma con los *anchor text* adecuados, analizar las palabras clave por las que me interesa posicionar y crear contenido afín, optimizado para posicionar, compartir el contenido en las diferentes redes sociales en las horas donde mi público potencial estaba más activo...

He trabajado en mi web todos y cada uno de los aspectos que en este libro cuento, y le animo a que usted también lo haga.

2.2 POR QUÉ NECESITA UNA WEB

Los beneficios de una web, a mi juicio, son múltiples. Podrá llegar a cualquier parte del globo, durante las 24 horas del día los 365 días del año, y conseguir que sus clientes le vean, le compren y vuelvan.

Sin embargo, a ciertas personas les basta con tener Facebook o Twitter. Para algunos es más que suficiente. No obstante, bien por obligación, bien por diversión, terminarán navegando por otras webs ajenas a ellos.

No somos conscientes de lo que Internet ha cambiado nuestras vidas, nuestra forma de ser y nuestra cultura. Nos ha facilitado mucho el trabajo, la gestión de cosas que antes eran inimaginables. Ahora lo que corresponde es sacarle todo el partido y aprovechar su potencial.

Por eso voy a ponérselo fácil y a contarle qué utilidades puede darle a su propia página web.

Marca personal o *personal branding*

En la actualidad, la web, concretamente la Web 2.0, se ha convertido en una herramienta clave para el desarrollo de una marca personal. Así, en España el 51% de la población ya usa Internet para encontrar trabajo, el 31% tiene un perfil en alguna red profesional, y el 10% ha encontrado trabajo gracias a sus contactos virtuales. En 2015 en EE.UU las empresas utilizaron en sus procesos de reclutamiento de personal la red social LinkedIn (87%), seguida de Facebook (55%) y Twitter (47%).

En este escenario, el *curriculum vitae* como soporte físico para encontrar trabajo está perdiendo utilidad. Según Enrique Dans, experto en la materia, los profesionales de recursos humanos investigan en Internet antes de contratar a cualquier persona, con lo que un *curriculum vitae* que se imprime y se envía por correo tiene cada día menos efectividad a la hora de encontrar empleo.

La conclusión a la que quiero llegar es que necesita una web si quiere crear su marca personal y obtener los beneficios que de ella se derivan. Ella será su firma, su huella digital, su identidad digital.

Vender

Hoy en día todo el mundo compra por Internet, o al menos busca información acerca del producto antes de comprarlo. Ya no tenemos el hándicap del miedo y la desconfianza del usuario para comprar *online*. Hemos entrado en la era 2.0 y hay que adaptarse ofreciendo los productos o servicios vía web.

▸ Si tiene una tienda física ¿por qué no tener una tienda *online*?

▸ Si tiene un producto que vender ¿por qué no mostrarlo a través de una web?

▸ Si tiene una web ¿por qué no vendes a través de ella?

Informar

No sé exactamente cuál es el proceso de creación de un periódico. Pero sí le puedo decir que la mayoría de webs de noticias sobre tecnología, deportes o corazón que se han creado en los últimos años y tienen gran éxito empezaron por tener una web.

Por lo tanto puede crear su web y empezar a informar. Hoy en día uno se entera de lo que pasa al otro lado del mundo en cuestión de segundos, así que no tiene que esperar a ver el telediario.

Invertir

Todo el mundo sabe que en Internet hay muchas formas de ganar dinero. La más conocida quizá sea la publicidad. Google, entre otras muchas empresas, nos brinda la magnífica posibilidad de ganar dinero con nuestra web. Con su servicio Adsense y cuatro clics puede empezar a ganar dinero con su web, en una de las más famosas formas de monetización.

Si crea contenido de calidad y consigue visitas a su web verá cómo su saldo crece.

Es lo que hice yo en cuanto tuve la oportunidad: comencé a investigar y cree un blog única y exclusivamente para ganar dinero: *cosasvariasdelavida.blogspot.com*. Luego el blog me sirvió para otras cosas y finalmente pasó a mejor vida porque comencé otros proyectos. Aprendí mucho para ganar el máximo dinero en el menor tiempo posible.

Crear

Cualquier artista, ya sea pintor, cantante, compositor, escritor, programador, diseñador o fotógrafo, querrá tener un portfolio en el que mostrar su trabajo: un trabajo del que estará orgulloso y que querrá compartir con el resto del mundo. En definitiva, un portfolio de proyectos:

- Su galería de fotos.
- Su música.
- Sus cuadros.
- Sus últimas obras de arte abstracto.
- Sus *selfie*s.
- Etc.

Publique su obra de arte, no tenga miedo al rechazo. En Internet encontrará tanto admiradores como detractores, así que no tenga miedo a lanzarse.

Aprender y crecer

Si es usted maestro o profesor, le gusta enseñar de forma altruista, tiene trucos o conocimientos que le gustaría compartir con todo el mundo, en Internet puede tanto aprender cómo enseñar. Los cursos *online* son una buena fuente de conocimiento y de ingresos. Cualquier persona puede compartir su talento con el resto del mundo. ¿A qué espera? Hablamos de:

- Cursos *online.*
- Trucos o consejos.
- Métodos varios.

Y después de esta introducción sobre mí y del amplio mundo de posibilidades que nos ofrece la web e Internet, vamos a pasar a la segunda parte del libro donde comenzaremos ya con nuestra materia.

3

CONCEPTOS BÁSICOS

3.1 ¿QUÉ ES EL SEO?

SEO es el acrónimo de *Search Engine Optimization,* lo que en español significa "optimización para motores de búsqueda".

Todo empezó cuando Serguéi Brin y Larry Page crearon Google el 4 de septiembre de 1998 en el taller de su casa. Con ello pusieron en marcha el primer motor de búsqueda que entendía al usuario. Y digo esto porque, de acuerdo a las palabras clave que introducía la persona que entraba al buscador, Google devolvía unos resultados u otros. Algo muy avanzado para la época, ya que por entonces únicamente existían algunos directorios y buscadores, como Lycos y AltaVista, que rápidamente fueron superados por Google.

Este último, Google, empezó a crecer y a mejorar su algoritmo de búsqueda, el cual a día de hoy sigue sin conocerse del todo. No obstante, y a grandes rasgos, se puede determinar en mayor o menor medida los aspectos de una web que afectan a su posicionamiento. Google además facilita mucha documentación y ayuda en su propio sitio. Y cada vez está haciendo que sea más fácil para el usuario de a pie entender el contenido del mismo.

En este libro hablaremos sobre todo de Google, de su motor de búsqueda, porque es sin duda el buscador por excelencia, el que cuenta con el mejor algoritmo en el que trabajan y el que mejoran día a día. Es, por tanto, el que mejores resultados de búsqueda entre otros servicios ofrece al usuario.

Además, pone a disposición de cualquier persona herramientas con las cuales podemos averiguar si un sitio web en particular está optimizado para dispositivos móviles. Hablamos, por ejemplo, de Google Mobile Friendly Test; en aspectos de velocidad y optimización, de la herramienta de Google Page Speed Insight; en cuanto a la comprobación de datos estructurados, de Structured Data Testing Tool; Para supervisar la presencia de nuestro sitio web en los resultados de búsqueda, muy útil para mejorar el SEO, contamos con Google Search Console; Y, por supuesto, para monitorizar todas y cada una de las visitas que tiene un sitio web, Google Analytics, al igual que otras herramientas que iremos viendo a lo largo de este libro.

Búsquedas realizadas en los diferentes buscadores por países.

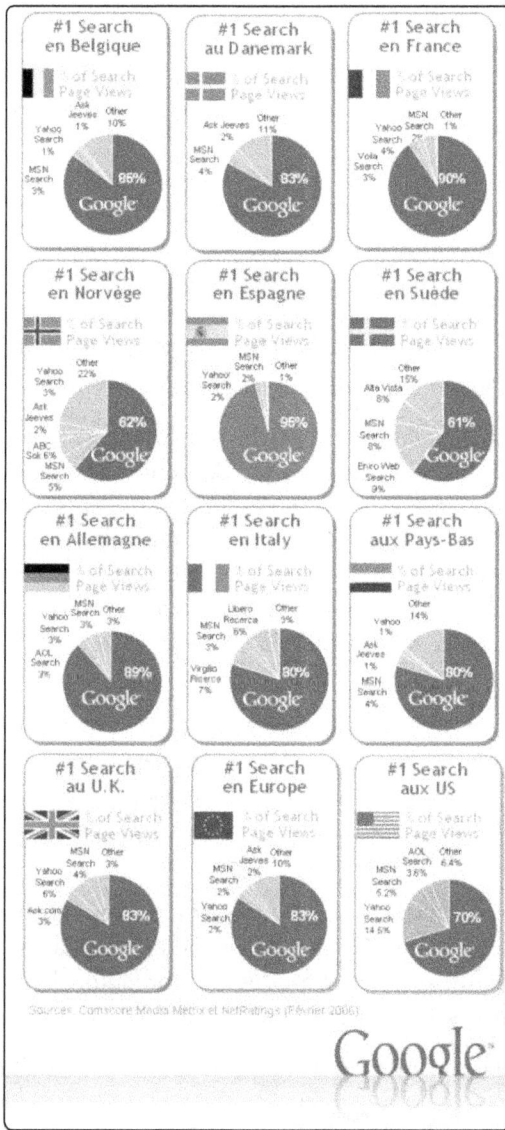

A día de hoy día Google sigue haciendo cambios en su algoritmo. Y cada vez es más importante para cualquier sitio web aparecer en los resultados de búsqueda. Además, no basta con eso, con aparecer, sino que lo importante es aparecer entre los 10 primeros, ya que estadísticamente menos del 10% de los usuarios navegan por la segunda página de los resultados de búsqueda.

3.2 ¿CUÁNDO SE APLICA?

En cuanto una página web es publicada en la raíz de cualquier dominio o subdominio, los motores de búsqueda se ponen a trabajar, enviando sus arañas (robots) a rastrear dicha información. Estas arañas examinan el contenido del dominio, sus enlaces y los contenidos que éstos contienen, conformando de esta manera un gran árbol cuya estructura son las URL del sitio. De esta manera indexan el contenido y es ahí donde entra en juego el potente algoritmo del buscador: otorgando una puntuación a cada una de las webs y posicionándolas en un *ranking*.

Los motores de búsqueda rastrean los principales servidores DNS cada 24/48 horas, en busca de nuevos dominios rastreables.

Vamos a ver un ejemplo más claro de cómo funcionan estos motores. Tenemos la URL midominio.com/mi-primer-articulo.html. Recordemos que, como hemos dicho, los motores de búsqueda buscan en la raíz del dominio, es decir, en midominio.com/, y en este caso, dependiendo de la configuración de nuestro servidor, le devolverá el archivo index.html, index.php, o el que hayamos elegido en su lugar. En este caso, en la raíz del dominio tenemos un archivo index.html con un enlace hacia midominio.com/mi-primer-articulo.html. Eso sería suficiente para que cualquier motor de búsqueda indexe esa misma URL.

Además hay otras técnicas para asegurarnos la indexación, como por ejemplo, añadir la URL a nuestro sitemap.xml y enviarla a Google, o utilizar Google Search Console, concretamente: Google Search Console > Rastreo > Explorar como Google.

Sabiendo esta información cualquiera puede ver que es bastante sencillo aparecer en los resultados de búsqueda. Se puede averiguar qué tiene en cuenta Google para posicionar una web y por qué hay páginas que copan los primeros puestos en los resultados de búsqueda. Aprenderemos a mejorar el SEO de nuestra web y por tanto a ganar visitas.

También tenemos el caso contrario: si queremos que un motor de búsqueda deje de indexar nuestro sitio web, debemos seguir otro procedimiento. En él, lo más importante es bloquear el acceso al servidor mediante contraseña, por medio, por ejemplo, del archivo .htaccess (veremos cómo hacerlo en el capítulo 5.9.5). Hay que tener en cuenta que en la mayoría de los casos no basta con un *disallow* en el archivo robots.txt. En cualquier caso, es posible que los motores de búsqueda tarden cierto tiempo en borrar de sus registros su web.

Diferentes Motores de Búsqueda

Cada motor de búsqueda tiene su propio índice, que ordena y da prioridad a cada uno de sus elementos basándose en algoritmos. Actualmente los dos motores de búsqueda más grandes a nivel mundial son Google, en primera posición, seguido de lejos por Microsoft. Son los principales proveedores de búsquedas, ya que Yahoo, por ejemplo, usa Bing de Microsoft para dar respuesta a las búsquedas que se realizan a través de su portal. Seguidos de estos gigantes, se encuentran Yandex, el buscador más usado y la web más visitada en Rusia, y Baidu, su homónimo chino.

A continuación tenemos los buscadores Duck Go y Yippy, menos usados que los anteriores, y en los cuales ocupa un lugar extraordinario la salvaguarda de la información del usuario y la privacidad del mismo.

En este libro nos centraremos en el motor de búsqueda de Google, el más usado y el que más facilidades ofrece a los usuarios, consultores SEO y programadores.

3.3 CONTRATAR SERVICIOS SEO Y CLASES DE SEO

Ahora veremos algunos de los tipos de SEO que existen y con ello usted podrá, entre otras cosas, decidir si se encarga usted mismo de esta tarea o prefiere delegarla en alguien. En cualquier caso, hay que tener en cuenta que la efectividad de un trabajo SEO no es algo que se pueda medir con una regla a corto plazo, sino que depende de muchos factores.

Para contratar cualquier servicio SEO se ha de determinar primero qué clase del mismo se va a trabajar. Enseguida veremos cuántas clases hay del mismo, pero de momento ya hay que tener en cuenta que trabajar el SEO usando técnicas *Black Hat* nos puede proporcionar ventajas con respecto a nuestra competencia,

pero también alguna consecuencia no muy deseable. Le recomiendo matizar este aspecto con su SEO Manager, para que en ningún momento nuestro dominio puede ser susceptible de penalización por parte de los motores de búsqueda, a consecuencia de alguna acción que se haya realizado para mejorar el SEO, ni actualmente ni en el futuro. Y por supuesto trabajar en mejorar el posicionamiento de una web usando las técnicas adecuadas y no infringiendo las normas o recomendaciones que los motores de búsqueda publican en sus respectivas documentaciones.

Por ello podemos ya distinguir dos tipos de SEO: uno que puede ser perjudicial a largo plazo, a veces llamado SEO negro o *black* SEO, y otro que sin duda será beneficioso a corto y largo plazo llamado SEO blanco o white SEO.

SEO natural u orgánico

El SEO natural u orgánico es aquel que tiene en cuenta para el posicionamiento aspectos como la antigüedad del dominio, la calidad del contenido (que debe ser único siempre), la estructura de la web, el SEO *Onpage*, los *backlinks*, las redes sociales...

SEO artificial

El SEO artificial es el SEO que se consigue a base de *linkbuilding* masivo, creando backlinks a diestro y siniestro, usando técnicas *Black Hat* donde se puede llegar a estar en las primeras posiciones de los resultados de búsqueda, aunque serían posiciones virtuales y por supuesto temporales... Si Google no se ha percatado de alguna de las técnicas que haya podido utilizar para beneficiar su posicionamiento ahora, tal vez lo haga en la próxima actualización de su algoritmo. Y entonces la posición de su dominio caerá. O tal vez directamente sea eliminado del índice o simplemente penalizado y le cueste mucho volver a aparecer en resultados de búsqueda coherentes.

Por eso le aconsejo que aprenda todo lo que pueda sobre SEO y sea usted mismo quien juzgue qué clase de SEO usar en cada ocasión, aún si usted está empezando. Yo, por mi parte, le recomiendo que no se la juegue y empiece trabajando el SEO orgánico y natural.

SEO OnPage

En el SEO *Onpage* u *onsite* se engloban los aspectos referentes a nuestra web, cualquier cosa que nosotros podamos modificar dentro de ella, bien sea mediante programación, cambios en la estructura, contenidos, enlaces internos, optimización, usabilidad, velocidad, incluso aspectos relacionados con el *hosting*, como la geo localización.

▼ Código limpio y sin errores.

▼ Correcta formación de la estructura web, teniendo en cuenta los enlaces internos.

▼ Creación y mantenimiento del archivo sitemap.xml.

▼ Creación del archivo robotx.txt.

▼ Optimización de imágenes en torno a calidad/peso y relleno texto alternativo.

▼ Evitar contenido duplicado, uso de etiquetas canonical. Re direccionamiento www y https.

▼ Usar enlaces dofollow / no follow correctamente.

▼ Usabilidad.

▼ Rendimiento.

SEO OffPage

El SEO *offpage* u *offsite* es lo que concierne a la parte externa de nuestra web, por lo que es el SEO que no podemos controlar directamente. El ejemplo más claro son los *backlinks,* la creación de enlaces en foros, blogs, directorios y buscadores. Podemos nombrar también tareas tales como *keyword targeting*, *keyword research*, además de la monitorización, para lo que podemos valernos de herramientas que veremos en la parte 3 de este libro.

Herramientas de analítica web y **keyword research** que nos permiten:

▼ Saber el porcentaje de rebote de nuestra web.

▼ Los tiempos de cada visita.

▼ Las páginas que nos enlazan.

▼ Duración de las visitas.

▼ Páginas de entrada (de dónde procede la visita) y salida de nuestra web (desde qué página abandona el usuario nuestro sitio web).

▼ Búsqueda de nuevas palabras clave.

▼ Análisis de la competencia con respecto a las palabras clave.

▼ Nuevos nichos afines al nuestro.

▼ Etc.

4

ANTES DE CREAR UN SITIO WEB

Antes de crear un sitio web tenemos que tener en cuenta diversos factores. Uno de ellos, y para mí el más importante, es saber hacia quién va dirigido, discernir nuestro público objetivo, su rango de edad, su sexo, el lugar desde el que consultan nuestra web, así como averiguar qué necesitan y con ello poder adaptar nuestra web.

En este sentido, si tenemos una tienda *online* que únicamente envía el producto dentro de la península ibérica, de nada nos sirve tener nuestra web traducida en diferentes idiomas. O si tenemos un blog personal que queremos rentabilizar, pero no obtenemos suficientes visitas porque nuestro nicho es muy pequeño, de nada nos sirve dedicarle tiempo a trabajar el SEO si después no vamos a obtener una rentabilidad con nuestro trabajo.

En definitiva, de nada sirve estar en los mejores resultados de búsqueda si una vez que estemos en el top 10 de los mismos y los usuarios encuentren y accedan a nuestra web, no conseguimos nuestros objetivos propuestos, lo que llamamos conversiones. Es decir, que un usuario nos compre, o que haga clic en determinado sitio, por ejemplo, en la publicidad. Nuestra web ha de tener siempre una finalidad.

En esto consiste la conversión: en conseguir que las personas hagan lo que nosotros queremos cuando naveguen por nuestra web, como comprar nuestro producto, adquirir nuestros servicios, leer nuestras noticias, atraer a otros usuarios, suscribirse a nuestro boletín, etc.

Todo lo anterior es necesario para saber, por ejemplo, qué tecnología emplear o en qué idioma deberíamos tener nuestra web. Actualmente, para crear una web existe un amplio abanico de posibilidades. Lo primero es elegir un CMS ("sistema de gestión de contenidos"); Wordpress, por ejemplo, el más usado en internet, empezó usándose para la creación de blog, pero hoy en día se puede hacer de todo con él:

desde tiendas *online*, hasta webs de alquiler de coches y servicios, dependiendo todo ello de la plantilla que usemos, sus funcionalidades y posibilidades. Tan sólo tendremos que contratar un servicio de *hosting* y usar una plantilla (*theme*) gratuita o, si procede, comprarla.

El gran problema de Wordpress es que en la mayoría de casos sus funcionalidades están limitadas por la plantilla elegida y los *plugins* que acompañan a la misma. En ocasiones (raras) la plantilla trae todo lo que queremos y en la forma en que lo queremos. Y aunque siempre se pueden desarrollar *plugins* extra que suplan de algún modo alguna funcionalidad, es más complicado y ya nos acercamos más al desarrollo, labor de programadores.

También debemos conocer cuándo un proyecto es lo suficientemente grande para decidir si lo desarrollamos a medida. Las ventajas de un desarrollo a medida son muchas, empezando por el diseño que podemos elegir (el que queramos). De igual modo, las funcionalidades y características: no tendremos ninguna que no necesitemos, lo cual mejora enormemente el rendimiento de la aplicación y hace más fácil su uso. Si en algún momento, necesitamos más, podemos ampliar características: es lo que llamamos escalabilidad. También es cierto que los desarrollos a medida tienen sus desventajas, por ejemplo la necesidad de contratar personas cualificadas que los desarrollen, lo cual lleva tiempo y dinero.

Al igual ocurre con las tiendas *online*. Para empezar seguro que nos basta con Wordpress + Woocommerce, Prestashop o Magento, pero cuando nuestro proyecto funcione y crezca, cualquier CMS se le quedará pequeño. No tenemos más que fijarnos en las grandes compañías que en su día fueron pequeñas: Amazon, Pccomponentes, Zara...

Con esta introducción lo que quiero decir es que lo más sensato sería contactar con un experto para solicitar asesoramiento antes de empezar cualquier proyecto.

CONSEJO PRÁCTICO

Antes de crear un sitio web revise los que ya existen y ahora mismo se sitúan en las primeras posiciones de Google. No cree algo similar, o si lo hace mejore lo que ya existe, inspírese en los actuales pero siempre reúna lo mejor de cada sitio y cree el suyo propio dándole su toque personal, haciéndolo único y exclusivo, diferenciándose del resto y marque la diferencia.

4.1 ¿POR QUÉ NUESTRA WEB DEBE TENER UN BUEN SEO?

El SEO de nuestra web debe estar bien trabajado, y cuando digo trabajado me refiero a un trabajo constante y evolutivo. No olvidemos que Internet es un ente vivo, cambia cada día, cada hora y cuando hablamos de SEO hablamos de competencia directa con la que tenemos que lidiar día tras día. Una competencia dura que crece sin parar, pues cada día son más las personas y empresas que se animan a tener presencia en Internet. Con esas personas tarde o temprano tendremos que competir.

En Internet podemos decir que el *alma mater* son los buscadores. Ellos dirigen a la mayor parte de los usuarios a nuestras webs. Hay que tener en cuenta que para cualquier persona de tipo medio puede ser complicado recordar el nombre de nuestro dominio (de nuestra web). Es comprensible, pues cada día son más las webs que existen y un usuario puede navegar de media por unos 20 sitios web diferentes al día.

Podemos decir que los usuarios han decidido navegar más desde dispositivos móviles y tabletas que desde ordenadores de sobremesa o portátiles tradicionales. Es por ello que Google ha decidido dar prioridad a las webs adaptadas a estos dispositivos. Por ello, si cualquier usuario busca "desarrollador web *freelance*" en Internet y mi web *miguelgomezsa.com* no estuviera adaptada a dispositivos móviles, la misma no aparecería en la primera página de los resultados, sino mucho más atrás. El SEO no sólo engloba temas relacionados con el contenido, las palabras clave y demás, sino que también tiene otros factores como pueden ser la arquitectura web, la usabilidad y el rendimiento.

En definitiva, si queremos existir en Internet tenemos que aparecer en los primeros resultados de búsqueda, pero tranquilo, usted aparecerá si sigue los consejos de este libro. Y no sólo nos basta con aparecer, sino que además debemos estar en los primeros puestos. Hay muchas teorías, no obstante, sobre la calidad de los primeros resultados de Google. Algunos cuestionan que sean los de más calidad. Otros dicen que si no apareces en la primera página del buscador es como si no existieras. Otros opinan que es mejor invertir en AdWords (SEM) que en SEO, dado que se ahorra tiempo, porque el orden de aparición gira entorno a la puja (precio) que se paga.

Todo es discutible: si una persona tiene mucho interés en buscar contenido de calidad y contrastado, navegará por varias páginas en los resultados de búsqueda hasta encontrar lo que le interese. En este caso, no le bastarán los primeros resultados, aunque, claro está, los mirará por orden de aparición.

Como principio general, por tanto, podemos establecer que nuestra meta es aparecer en los primeros resultados de búsqueda. Además, cada vez es más común encontrar usuarios que utilizan *plugins* para evitar la aparición de publicidad mientras navegan, aunque Google intenta llegar a acuerdos con éstos, para que dicha publicidad sí se muestre al usuario. Es por ello que el SEM nos resulta interesante pero no siempre. Además nos genera un gasto.

CONSEJO PRÁCTICO

Antes de crear un sitio web, piense en todas las formas en las que cualquier usuario puede llegar a él.

▼ SEO.

▼ SEM.

▼ Otros tipos de publicidad.

▼ *Email marketing* a nuestros clientes.

▼ Comprar listas de correo.

▼ Comprar visitas.

▼ Redes sociales.

▼ ...

Piense cuál es la más económica a corto y largo plazo. Adelanto: a largo plazo seguramente le interese invertir en SEO.

4.2 CÓMO TRABAJAR EL SEO

La estrategia es la realización de las acciones necesarias para conseguir los objetivos marcados de nuestro proyecto que deberíamos haber fijado con anterioridad a la creación del mismo. También podría decirse que es el arte de mover bien las piezas, como en el ajedrez, donde el objetivo sería hacer "jake mate". En nuestro caso el objetivo sería, por ejemplo, atraer público para posteriormente convertirlo en clientes. En este apartado hablaremos de la mejor forma de trabajar el SEO adoptando estrategias para atraer tráfico.

Aconsejo definir un plan de acción para trabajar el SEO y seguirlo con constancia. Tenemos una diversidad de piezas y debemos saber moverlas muy bien.

Piezas como:

- El nicho de nuestra web (la temática de la misma y el público al que nos dirigimos y queremos atraer).

- El contenido (que tenemos y tendremos).

- Las redes sociales (atracción y fidelización de clientes).

- Los enlaces entrantes y salientes (*linkbuilding*)

- La antigüedad.

- La constancia: probar, fallar y aprender.

- Las colaboraciones (*guest posting*).

- El *mailing* y otras técnicas de *marketing*.

- Las técnicas *Black Hat*.

- La conversión de visitas en suscriptores y posteriormente en clientes (acrecentando su lista de correo, consiguiendo de esta forma visitas semanales y mejorando el SEO).

- La publicidad, ya sea SEM u otros tipos.

Todas estas piezas debemos moverlas de una manera continua, ya que el tren del SEO es una maquinaria que nunca se detiene ni espera a nadie. Si por ejemplo, dejamos de trabajar alguno de los aspectos nombrados anteriormente en verano y nuestra competencia sigue trabajando en ellos, será un tiempo muy valioso que tal vez nos cueste recuperar.

Para definir la estrategia lo primero es elegir bien nuestro nicho. Si por ejemplo elegimos uno muy amplio tardaremos más en abarcarlo.

Las redes sociales, otra gran pieza, son cada vez más importantes en una buena estrategia SEO. Si somos capaces de publicar constantemente nuestro propio contenido sin llegar a aburrir ni dejar de interesar a nadie, habremos conseguido crear contenido de valor constante, lo que hará que los usuarios nos visiten con asiduidad, consiguiendo un flujo constante de visitas y cumpliendo uno de los grandes objetivos del *marketing*: fidelizar clientes. Entonces y sólo entonces nos habremos convertido en alguien con autoridad.

Por supuesto debemos tener paciencia: todo necesita tiempo, para poder comprobar los resultados y ver si la estrategia elegida es la correcta. La mayoría de proyectos, como muchos blogs, duran tres meses, después sus propietarios dejan de publicar, quedan en el olvido o directamente desaparecen, precisamente por no contar con la suficiente paciencia a la hora de esperar resultados.

Es importante empezar poco a poco e ir subiendo posiciones hasta llegar a lo más alto, siguiendo todas y cada una de las estrategias posibles. La premisa que debemos cumplir es la de convertirnos en expertos en nuestro sector e ir creciendo, ganando autoridad, siendo constante. Con el tiempo competiremos con las web del top 10 de los resultados de Google.

Empiece posicionando en el top 10 algunas palabras o frases. Aunque a priori no le den miles de visitas, le darán algunas decenas, pocas pero de calidad. Con suerte, éstas compartirán el contenido en las diferentes redes sociales e iremos abarcando más terreno. Procure que los usuarios encuentren lo que buscan y naveguen por su web al menos unos minutos, que interactúen con ella y hagan algunos clics. Google entenderá rápidamente que su web ofrece contenido de calidad. Si lo hace para unos pocos también puede hacerlo para muchos. Y poco a poco irá mejorando la posición de su web con respecto a las palabras clave que esté trabajando. Si su web reacciona bien a las subidas de posición (los usuarios de Google siguen encontrando en su web lo que buscan) Google le irá dando más importancia y posicionando mejor. Y así es como llegará a la cima.

Y recuerde, tal y como dije en una ocasión, "en Google siempre hay sitio para alguien que de verdad tiene interés".

Respecto a cuál estrategia es la mejor, es muy sencillo: la que le funcione. En mi opinión no podemos dejar de trabajar todos y cada uno de los aspectos que el SEO engloba, aunque las técnicas *Black Hat*, si no se hacen con cuidado, pueden resultar peligrosas y en vez de mejorar su SEO pueden empeorarlo, por lo que no las recomiendo para aquellos que no dominan la materia todavía.

Debemos utilizar bien todas las estrategias y llevarlas a la par. Por ejemplo, podemos tener un contenido de gran calidad, pero si no tenemos ningún enlace externo que apunte hacia él, o no le damos difusión a través de las redes sociales no estaremos aprovechando todo su potencial.

Finalmente, y al margen de las estrategias, podemos decir que nuestra web debe tener buena usabilidad, lo cual incluye la velocidad de la misma. No gaste tiempo pensando en otros aspectos si su web es lenta. Tampoco si su web no es *responsive* o no cuenta con una versión móvil. Ambos factores son muy importantes.

Tenga siempre en cuenta que en Internet es mejor calidad que cantidad. Ya hay muchas webs, pero que merezcan la pena, pocas.

PRÁCTICA

Si no sabe por dónde empezar a la hora de crear contenido, le propongo lo siguiente:

▶ Tenga claro qué quiere conseguir con su web:
  - Visitas.
  - Ventas.
  - Marca personal.

▶ Publique artículos de opinión sobre la temática en cuestión.

▶ Intente que no pase desapercibido, cree debate.
  - Ayúdese de enlaces, imágenes, vídeos o noticias de actualidad.

▶ Comparta el contenido en las redes sociales.
  - Incite a sus amigos, familiares y compañeros de profesión a que compartan.

▶ Premie a los usuarios que visitan su web y ofrézcales algo para que vuelvan.

▶ Hágales partícipes del proyecto.
  - Recoja comentarios y *feedback*.

▶ Sea constante publicando: planifique.

4.3 ASO Y OTRAS PLATAFORMAS

ASO o *App Store Optimization* consiste en la optimización en tiendas de aplicaciones, es decir, es la técnica usada para optimizar la posición o *ranking* de una app en los resultados de búsqueda de las tiendas de aplicaciones. Si contamos con una aplicación, ya sea un mero *feed* de noticias, un libro, un juego o cualquier otro tipo de aplicación, y queremos que aparezca la primera respecto a ciertas palabras clave en el buscador de las tiendas de aplicaciones, con el fin de conseguir que ésta tenga más posibilidades de ser descargada e instalada por el usuario. También debemos tener en cuenta diversos aspectos.

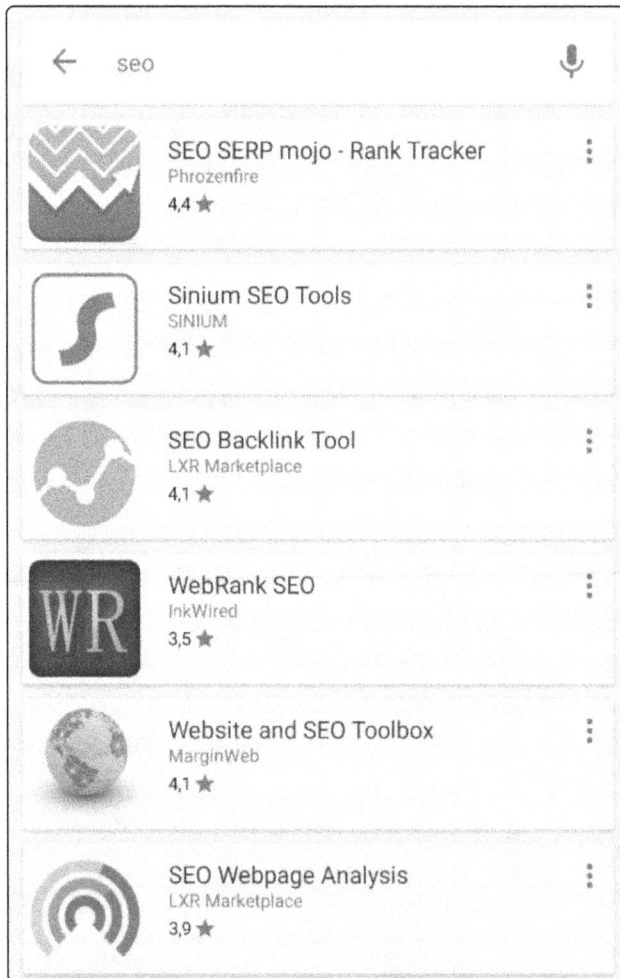

Aspectos englobados en dos grupos:

On-metadata y off-metadata

On-metadata son los factores que están bajo el control del desarrollador de la aplicación:

- ▶ Título de la App / App Name (App Store).
- ▶ Descripción.
- ▶ Elección de palabras clave.
- ▶ Campo *Keywords* (App Store).
- ▶ Icono.
- ▶ *Screenshots* (capturas de pantalla).
- ▶ Vídeo.

Off-metadata son los factores que no están bajo nuestro control pero que, estableciendo una estrategia, podemos influir en ellos:

- ▶ Instalaciones (descargas) y velocidad a la que se consiguen las mismas.
- ▶ *Rating* o calificación dentro de la tienda de aplicaciones.
- ▶ *Review,* opiniones y valoraciones de los usuarios sobre la aplicación.
- ▶ *Linkbuilding*: enlaces que apunten a la página de descarga de la app.

Al igual que en cualquier motor de búsqueda, las tiendas de aplicaciones tienen su propio algoritmo para mostrar unos resultados u otros. Y no es el único caso, podemos encontrarnos en situaciones en las que queramos posicionar nuestro vídeo o producto antes que otros en sitios web diferentes, por ejemplo YouTube, Amazon, Ebay...

En este libro nos centraremos sobre todo en el SEO para Google, pero algunas de las cosas que se van a explicar pueden aplicarse perfectamente a otros algoritmos y motores de búsqueda.

CONSEJO PRÁCTICO

Puede crear una aplicación y subirla a las Apps Store o tiendas de aplicaciones para móviles, sobre todo a las principales, Play Store y Apple Store. El objeto de la aplicación debería ser algo diferente aunque relacionado con lo de su web, aunque no obstante puede aprovechar para alertar a través de ella al usuario cada vez que se añada contenido a su sitio web, ya sea un producto nuevo, un artículo nuevo, una nueva noticia; así como ofertas, promociones y sorteos.

4.4 VERSIÓN MÓVIL Y DISEÑO RESPONSIVE (MOBILE FIRST)

En este capítulo vamos a hablar sobre el diseño y la usabilidad de nuestra web en dispositivos móviles. Es ya una realidad que cada día son más los usuarios que navegan a través de dispositivos móviles (*smartphones,* tabletas, *smartwatches* etc....). Al final resulta el tipo de dispositivo con el que pasamos más tiempo, ya que siempre lo tenemos a mano. Ello indica que es una tendencia natural y que irá en aumento de forma progresiva.

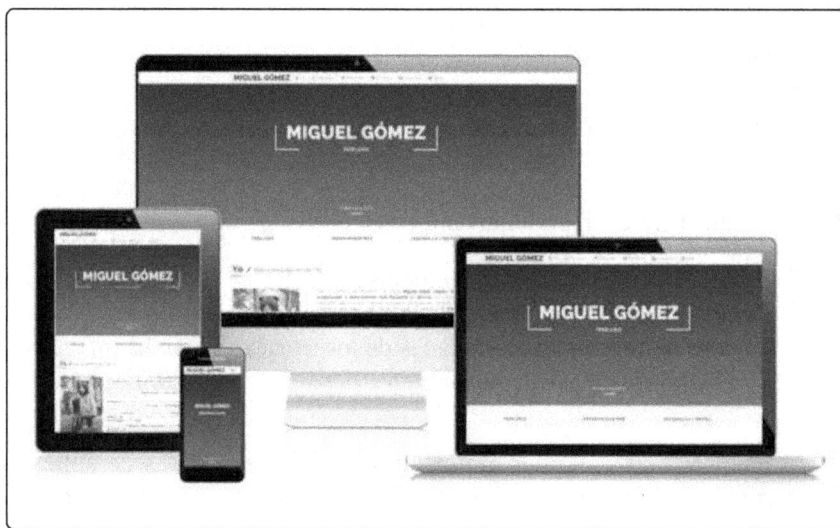

Es evidente que seguiremos usando ordenadores convencionales, equipos sobremesa y ordenadores portátiles. Para muchas cosas serán necesarios: por ejemplo algunas entidades bancarias prefieren antes que adaptar su web a dispositivos móviles, crear una aplicación para cada uno de los mismos, y cuando hablo para cada uno de estos, me refiero a que una aplicación móvil ha de desarrollarse para cada una de las plataformas, empezando por Android (Google), la más utilizada, seguida muy de cerca por IOS (Apple), y a continuación Microsoft, Blackberry...

Las diferencias entre las páginas web y las aplicaciones son evidentes. Una ventaja importante de la web frente a la app móvil es la compatibilidad. Una navegador web (Chrome, Firefox, Safari, Opera) lo podemos utilizar en casi cualquier dispositivo, con lo cual nuestra web será visible desde cualquiera de ellos. En cambio una app móvil para IOS, sólo puede usarse en *smartphones* de Apple, y una aplicación para Android, igualmente, en dispositivos que tengan este sistema operativo. La consecuencia es que con una página web llegamos a mucha más gente y por lo tanto debe tener una buena versión móvil y un diseño *responsive*.

De ahora en adelante cualquier web que esté adaptada a dispositivos móviles notará una mejora en cuanto a SEO y es probable que suba algunos puestos en los resultados de búsqueda. También hay que saber que, con el tiempo, si su web no está adaptada a dispositivos móviles, perderá prioridad con respecto a otras webs que sí lo estén y es hasta probable que no llegue a aparecer en los resultados de búsqueda de Google.

Sabiendo esto, a la hora de crear un sitio lo ideal es pensar primero en el *smartphone* y luego en otros tipos de dispositivos (*Mobile First*). Y dado que uno de los primeros aspectos en cuanto a desarrollo web es el diseño, el mismo deberá estar pensado para dispositivos móviles, o al menos adaptado a éstos, y al respecto tenemos dos opciones: una versión móvil de nuestro sitio web o un sitio web *responsive*.

Para elegir si nuestro sitio web debe tener una versión móvil o un diseño *responsive* debemos conocer las diferencias.

Versión móvil con la opción de subdominio

La versión móvil de un sitio web realizada mediante subdominio es una web independiente en varios sentida.

Uno de ellos consiste en derivar a los usuarios a un subdominio, por ejemplo: *m.facebook.com*. En este caso se cargan estilos e imágenes previamente adaptadas con menor resolución y calidad. Se realiza esta web con un estilo y diseño algo diferente a la original, respetándose en algunos casos el esquema de colores.

En estos casos se suele usar algún *framework* de desarrollo, como es el caso de JQuery mobile. Podemos elegir qué contenido cargar y cuál no. Generalmente se carga menos que la web original, lo que también aumenta el rendimiento y por tanto la velocidad. Se pueden añadir o quitar funcionalidades. Todo ello mejora la usabilidad y la experiencia de usuario en los dispositivos móviles.

Usar esta opción tiene una desventaja, y es que si se usa un sub dominio o una URL diferente para mostrar la versión web, cualquier motor de búsqueda puede entender que se está duplicando contenido al mostrar el mismo desde dos URLs diferentes. Cualquier motor de búsqueda puede entender que son dos sitios diferentes con el mismo contenido y en consecuencia puede penalizarnos por contenido duplicado. Se ha de especificar bien en este caso la URL canonical del contenido original.

Diseño responsive RDW (Responsive Web Design)

Partiendo del diseño inicial de nuestro sitio web, tener un diseño *responsive* nos asegura que el contenido se va a adaptar a todos los dispositivos y se va a visualizar correctamente siempre.

Se suele hacer por medio de CSS (*media queries*), con una o varias hojas de estilo. Éstas son las encargadas de mostrar el sitio web dependiendo de la resolución de la pantalla, pero casi siempre cumpliendo con la premisa de que se muestre el mismo contenido, tanto en un ordenador de sobremesa o portátil como en cualquier *smartphone* o tableta. Sin embargo, esto no quita que las imágenes y otros archivos se envíen comprimidos o en una resolución inferior a la normal, dependiendo del tipo de dispositivo.

La *responsive* es la forma recomendada por Google, porque siempre se mantiene el mismo contenido, independientemente del dispositivo que se utilice para visualizarlo, y además en la misma URL.

Claramente un diseño *responsive* tiene ventajas con respecto a la versión móvil, además de ahorrar tiempo y por lo tanto dinero en el desarrollo del mismo.

Después de elegir la opción adecuada que usaremos para adaptar nuestra web debemos hacernos las siguientes preguntas: ¿piensa Google que mi sitio web está realmente adaptado a dispositivos móviles? ¿Lo estamos haciendo bien?

Para responder las anteriores preguntas usaremos las herramientas que Google pone a nuestra disposición, herramientas tales como: Mobile Friendly Test y Page Speed Insights.

A la hora de desarrollar y probar si una web está adaptada a dispositivos móviles, también nos interesa saber qué *user agent* usa Google para averiguar la forma en que un usuario normal visualiza una web (el *user agent* es un identificador que sirve para identificar qué dispositivo se está usando para visitar un sitio web). Cada ordenador, *smartphone* o tableta tiene uno. Junto al *user agent* se incluyen datos informativos tales como el sistema operativo, el navegador, la versión, etc.

▸ El robot de Google (Googlebot) usa varios *user agent* para móviles, entre ellos podemos ver cómo Google usa el iPhone 6, como ejemplo de *smartphone* de gama alta:

Mozilla/5.0 (iPhone; CPU iPhone OS 6_0 like Mac OS X) AppleWebKit/ 536.26 (KHTML, like Gecko) Version/6.0 Mobile/10A5376e Safari/ 8536.25 (compatible; Googlebot/2.1; +https://www.google.com/bot.html)

Y para comprobar que efectivamente cualquier web está adaptada a todo tipo de dispositivos móviles, Google usa dos *user agents* más que corresponden a dispositivos móviles de gama media-baja.

▼ El siguiente *user agent* corresponde a un teléfono Samsung de gama baja, más concretamente al modelo SGH-E250:

SAMSUNG-SGH-E250/1.0 Profile/MIDP-2.0 Configuration/CLDC-1.1 UP.Browser/6.2.3.3.c.1.101 (GUI) MMP/2.0 (compatible; Googlebot-Mobile/2.1; +https://www.google.com/bot.html)

▼ Y este último corresponde a un teléfono también de gama baja al modelo N905 de la marca DoComo:

DoCoMo/2.0 N905i (c100;TB;W24H16) (compatible; Googlebot-Mobile/2.1; +https://www.google.com/bot.html)

CONSEJO PRÁCTICO

Compruebe que su sitio web está adaptado a dispositivos móviles con su prueba de Optimización para móviles. Recuerde hacerlo en varias de sus páginas: google.com/webmasters/tools/mobile-friendly

Si tiene dudas con el diseño de la versión móvil, simplifique, de prioridad a la velocidad antes que al diseño.

También puede visualizar la versión móvil de su web, en cualquier ordenador, ya sea portátil o sobremesa, tan sólo necesita un navegador como Chrome o Safari. Usando las herramientas para desarrolladores que vienen intrínsecas con cada navegador. En Google Chrome puede desplegarlas pulsando F12.

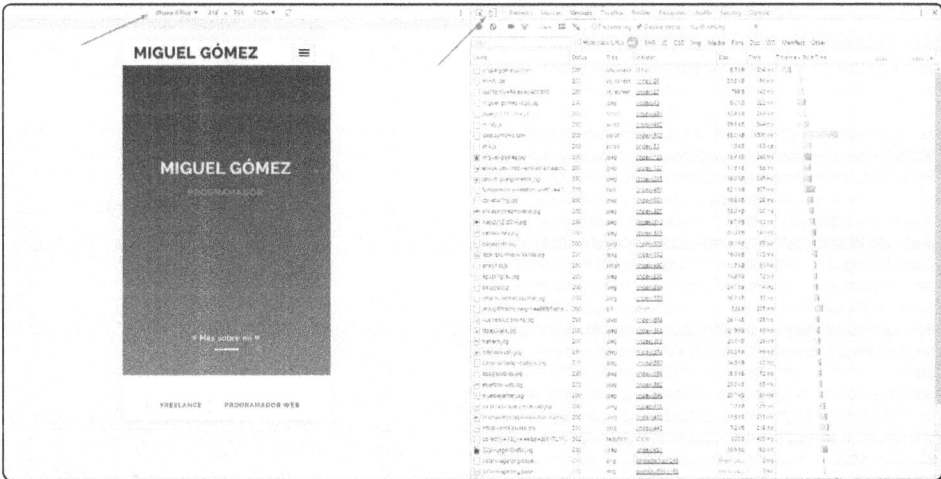

4.5 AMP PARA LA VERSIÓN MÓVIL

El AMP (*Accelerated Mobile Pages Project*) es un proyecto de código abierto potenciado por Google para acelerar la visualización del contenido en dispositivos móviles, aumentando la velocidad de los sitios web, el envío de datos y por tanto reduciendo su consumo.

Desde octubre de 2015 la noticia de la aparición de un nuevo estándar para acelerar la velocidad de las páginas webs para móviles ha puesto en vilo a desarrolladores que, al igual que yo, se han interesado por esta nueva tecnología. Se está trabajando mucho en ella y su uso va aumentando día a día.

En la siguiente captura de pantalla vemos un carrusel que muestra Google con noticias que cuentan con versión AMP (desde dispositivos móviles).

Como hemos dicho, la tecnología para versiones móviles de sitios web AMP es un nuevo estándar HTML promovido por Google.

El buscador sabe que, por desgracia, a día de hoy la mayoría de páginas web no están a la altura de las expectativas a la hora de navegar en cuanto a velocidad y optimización en dispositivos móviles.

La velocidad es importante porque estadísticamente podemos comprobar que las personas abandonan los sitios web después de tan sólo tres segundos de espera si el contenido no se ha cargado aún o se carga lentamente.

Además de la velocidad, la optimización también es importante. Las webs actuales pesan mucho debido a su excesivo tamaño. Eso es algo que el usuario no puede ver a simple vista, pero que le afecta directamente en el consumo de datos.

Según Google, las páginas webs con versión móvil AMP cargan una media de cuatro veces más rápido y usan 10 veces menos datos que las páginas no AMP equivalentes. Datos extremadamente interesantes en cuanto a rendimiento.

A la vista de la escasa documentación existente sobre el proyecto podemos comprobar varias cosas muy positivas:

1. Se reducen al mínimo las peticiones HTTP necesarias para mostrar la totalidad del documento, gracias a:

   - Uso de estilos CSS *inline*, es decir, dentro del documento, y

   - Uso de scripts asíncronos.

2. Recursos como imágenes o anuncios sólo son cargados si se prevé que se va a llegar a ellos, es decir, justo un poco antes del momento en el que van a ser vistos por el usuario.

3. Los navegadores deberían ser capaces de calcular el espacio necesario por cada recurso de la página sin descargarlo totalmente.

4. Google y otros motores de búsqueda son capaces de trabajar con más agilidad este tipo de webs, mostrar resultados más rápido y cachearlas de forma estructurada en sus sistemas.

A continuación vamos a ver cómo quedaría el código fuente de una web sencilla hecha en AMP. En él podemos destacar que todo el CSS está dentro del documento y los scripts se cargan de forma asíncrona.

```html
1  <!doctype html>
2  <html >
3  <head>
4      <meta charset="utf-8">
5      <link rel="canonical" href="hello-world.html">
6      <meta name="viewport" content="width=device-width,minimum-scale=1,initial-scale=1">
7      <style amp-boilerplate>body{-webkit-animation:-amp-start 8s steps(1,end) 0s 1 normal both;-moz-animation:-amp-start 8s steps(1,end) 0s 1 normal both;
       -ms-animation:-amp-start 8s steps(1,end) 0s 1 normal both;animation:-amp-start 8s steps(1,end) 0s 1 normal both}@-webkit-keyframes -amp-start{from{
       visibility:hidden}to{visibility:visible}}@-moz-keyframes -amp-start{from{visibility:hidden}to{visibility:visible}}@-ms-keyframes -amp-start{from{
       visibility:hidden}to{visibility:visible}}@-o-keyframes -amp-start{from{visibility:hidden}to{visibility:visible}}@keyframes -amp-start{from{
       visibility:hidden}to{visibility:visible}}</style><noscript><style amp-boilerplate>body{-webkit-animation:none;-moz-animation:none;-ms-animation:
       none;animation:none}</style></noscript>
8      <script async src="https://cdn.ampproject.org/v0.js"></script>
9  </head>
10 <body>Hello World!</body>
11 </html>
```

Lo que cualquier desarrollador sabe es que reduciendo el número de peticiones http se aumenta el rendimiento, así como cargando las imágenes comprimidas y con la mínima resolución posible. Lo mismo ocurre para la descarga de los scripts: descargándolos de forma asíncrona podemos asegurar que no hará falta la descarga completa de éstos para visualizar el contenido. Con todo esto lo que Google quiere es simplificar mucho la versión móvil.

La pregunta ahora sería: ¿la versión móvil AMP afecta al posicionamiento web SEO?

La respuesta es que sí, por supuesto mejora el SEO de nuestro sitio web. A continuación vamos a ver un ejemplo concreto de cómo los artículos de la versión móvil AMP pueden aparecer en un carrusel en el top de los resultados de búsqueda:

Además, AMP ya tiene su apartado en Search Console:

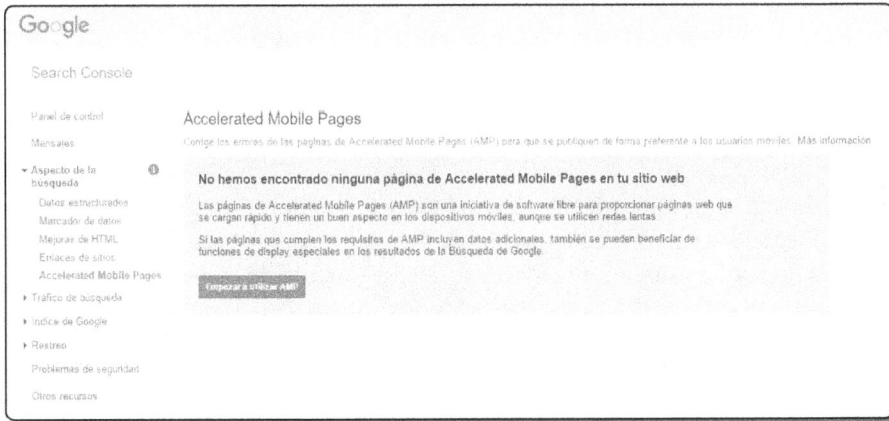

Puede obtener toda la información al respecto en la web de *Accelerated Mobile Pages Project.*

4.6 HOSTING

Muchos son los aspectos, en este caso técnicos, que Google y otros motores de búsqueda utilizan para valorar el posicionamiento de cualquier sitio web. La selección del servicio de *hosting* es uno de ellos.

Un *hosting* de cierta calidad, en cuanto a los servicios que ofrece, puede significar una gran diferencia en el valor que los motores de búsqueda le asignan a nuestra página.

Ahora bien, ¿qué es un *hosting*? Un servicio de *hosting* es aquel que permite almacenar, mantener y ofrecer al usuario, esté en el lugar que esté, el contenido de una página web.

A la hora de crear un proyecto web debemos valorar varias cosas:

▸ Tiempo de respuesta.
▸ Fiabilidad.
▸ Localización.
▸ Número de dominios alojados.
▸ Ip única.
▸ Configuración y seguridad.
▸ Copias de seguridad.
▸ Servicio técnico.

Dejaremos de lado por ahora el factor precio, dado que el precio que podamos gastar es más bien una cuestión personal y por supuesto, como en cualquier otro servicio, pagar más no siempre significa obtener mayor calidad. Y por supuesto no mejora nuestro posicionamiento web.

Tiempo de respuesta

Nuestra página debe ser rápida. En Internet cualquier web que tenga tiempos de carga de 2 segundos o más se cataloga automáticamente como lenta, como web que nos está haciendo perder usuarios, potenciales clientes y, por tanto, ventas y dinero.

Cuanto más rápida sea la velocidad de descarga (ancho de banda de nuestro *hosting*) mejor será el posicionamiento del sitio web. Un servidor sobrecargado que aloje muchos sitios web, tendrá un tiempo de respuesta mucho más lento (*overselling*). Si es posible, es bueno indagar un poco en las opiniones de los usuarios acerca del *hosting* antes de contratarlo. También es importante intentar conseguir toda la información posible, como número de dominios que alberga por servidor, tiempo de respuesta a incidencias, etc.

Podemos medir la velocidad con herramientas, a través de páginas web que permiten determinar el tiempo de respuesta de cualquier *hosting*, como por ejemplo:

Pingdom: *www.pingdom.com* y Gtmetrix: *gtmetrix.com.*

Fiabilidad del hosting - servidor

Otro aspecto a tener en cuenta es el tiempo en el que nuestra web se encuentra *online*, es decir operativa. Si nuestra página no está disponible (se encuentra *offline*) y el robot de Google o cualquier otro motor de búsqueda pasa por ella en ese momento, podemos llegar a ser penalizados, o lo que es peor, pueden llegar a considerar que esa página ha dejado de existir y ser eliminada de los resultados de búsqueda. Para que esto último ocurra, es cierto que debe estar *offline* mucho tiempo, pero lo que en cualquier caso pasará es que nuestra web descenderá en el *ranking* de posiciones con respecto a otras.

Un servidor fiable mantiene una página web disponible al público y por tanto al alcance de los motores de búsqueda la mayor parte del tiempo: el 99% o casi el 100%.

En ocasiones son posibles caídas por mantenimiento o actualización del sistema, actualizaciones de *hardware* en los servidores y otras razones, pero las buenas empresas destacan por su bajo tiempo *offline* o su escaso número de caídas. Cerciórese de que el *hosting* elegido tiene un alto porcentaje de tiempo *online*.

Cada minuto que nuestra web permanezca *offline* es dinero perdido.

Localización geográfica

La localización geográfica es uno de los criterios de valoración más recientes y con más relevancia que tienen en cuenta los motores de búsqueda. Con esto nos referimos a donde está alojada nuestra página web, es decir, donde está localizado el centro de datos, donde se encuentra el servidor. Lo ideal es que esté en el país donde resida la mayor parte de su público objetivo.

Para conocer la ubicación del servidor web o *hosting* puede utilizar el servicio de *"Whois Lookup"* de la página web domaintools.com.

Varios dominios en el mismo servidor

Cuando los servidores son compartidos, como ocurre con la mayoría de servicios de *hosting* a no ser que contratemos un servidor dedicado o servidor privado virtual, corremos el riesgo de compartir el *hosting* con páginas cuyo contenido puede ser considerado dañino o inapropiado por parte de los buscadores: páginas de contenido erótico, descarga ilegal de películas, webs infectadas por virus o que son consideradas *spam*...

A parte del resentimiento en cuanto a la velocidad a la que se carga el contenido de nuestra web, disminución del ancho de banda y aumento en el tiempo de respuesta (latencia), nos podemos encontrar con que nuestra página sea penalizada por los motores de búsqueda por relacionar nuestro dominio con él las webs nombradas anteriormente. O simplemente nos puede pasar que los motores de búsqueda bloqueen el acceso a todas las webs por estar alojadas en el mismo servidor y responder desde la misma IP.

Esto es debido a que muchos proveedores de servicios de internet, sobre todo los excesivamente económicos, hacen *overselling*, es decir, venden más de lo que sus sistemas pueden soportar, sobrecargando así sus servidores y dando un peor servicio.

IP única del hosting o servidor

Otro factor a tener en cuenta es si la IP es única para nuestro sitio web o compartido con algunos o muchos otros sitios. Si es compartida con muchos otros sitios, y como acabamos de decir en el apartado anterior alguno de estos es infectado por un virus y Google lo marca como *spam* y mete en su lista negra, los dominios que comparten esa IP se pueden ver afectados negativamente. Es por esto que algunos servicios de *hosting* facturan el servicio de IP única aparte.

Es importante para el SEO la canonización de la IP, es decir que se le pregunte al DNS por el dominio, por ejemplo, miguelgomezsa.com, y devuelva una IP, y viceversa, si se le pregunta por la IP devuelva el dominio miguelgomezsa.com (lo que se le llama resolución inversa de nombre).

miguegomezsa.com = IP
IP = miguelgomezsa.com

Configuración y seguridad

Un buen *hosting* debe permitir cierta libertad en cuanto a las opciones de configuración del servicio. Hay muchos de ellos que están limitados a la hora de cambiar variables de configuración, como es el caso del límite de tamaño a la hora de subir archivos, el número máximo de variables que se pueden enviar a través de un formulario, el número máximo de conexiones simultáneas, la memoria máxima por proceso, la duración máxima de un hilo de ejecución, etc.

Un buen *hosting* debe permitirle cierta configuración en cuanto a URLs amigables, redirecciones, caché, compresión, etc.

También es importante la seguridad que nos proporciona un *hosting* de calidad, por la vía de hacer copias de seguridad diarias, semanales, mensuales o anuales de forma automática. Un buen *hosting* le garantizará un buen aislamiento con respecto al resto de webs y contará con un buen sistema de seguridad para que la suya no sea afectada a nivel de sistema.

Aparte de la seguridad que pueda depender del servicio de *hosting*, es importante saber que debemos cerciorarnos de que nuestra web no contenga agujeros de seguridad: por ejemplo, en las plantillas de Wordpress desactualizadas, agujeros debidos a mala o antigua programación, etc. Por eso no olvidemos que es necesario contar con un buen programador web.

Copias de seguridad

Las copias de seguridad son muy importantes para no perder información. A veces ocurre que el servicio de las mismas se vende a parte y se factura aparte. Hay que tenerlo muy en cuenta a la hora de comparar el precio total.

En cualquier caso, un buen administrador de sistemas o *webmaster* debería encargarse de tener una buena programación de copias de seguridad (*backup*), aunque el *hosting* ya lo contemple.

Servicio técnico

A todos nos gusta contar con algún experto que nos diga lo que tenemos que hacer en el caso de que algo falle. Y la búsqueda de un *hosting* con buen servicio técnico debería ser proporcional a los conocimientos que tenga cada uno.

Existe una diferencia entre servicio técnico y atención al cliente. En la mayoría de empresas proveedoras de servicios de Internet, estos departamentos están separados y pueden tener un muy buen servicio técnico y una pésima atención al cliente.

4.7 DOMINIO

A la hora de registrar un nombre de dominio, es muy importante dedicar tiempo en la elección: hay que pensar bien el nombre y por supuesto la extensión del mismo.

Si su empresa, sector o nicho está ubicado en España, en principio el registro de un .es sería el más adecuado, aunque en general siempre es aconsejable usar un dominio de primer nivel, lo que también se llama un dominio de nivel superior o TLD (del inglés *top-level domain*).

A continuación vamos a ver una lista de extensiones con los dominios más importantes y conocidos:

▼ .com. Inicialmente previsto para empresas comerciales. Es el dominio más usado en Internet y uno de los más importantes.

▼ .org. Previsto para organizaciones sin ánimo de lucro, instituciones y fundaciones.

▼ .net. Pensado para empresas relacionadas con Internet. Uno de los más antiguos y más usados junto con .com.

▼ .info. Para sitios web cuyo principal cometido es la difusión o publicación de contenidos informativos.

▼ .biz. La terminación proviene de la abreviación de business (negocios en inglés) y su utilización está enfocada en la temática de los negocios. No es muy usado.

▼ .edu. Utilizados con fines educativos. Son muy difíciles de conseguir, ya que hay que acreditar información que lo confirme.

También existen los dominios geográficos como es el caso de .es para España, .it para Italia, .fr para Francia, .uk para Reino Unido, .de para Alemania, etc. E igualmente los correspondientes a comunidades autónomas, como es el caso de .cat para Cataluña.

En los últimos años han aparecido nuevos dominios, muy útiles porque muchos de ellos son fáciles de recordar e incluso contienen la palabra clave por la que se quiere posicionar. Es el caso de .tienda, .xxx, .online, .family, .cloud, .bet, .film, .barcelona, .meet, .viajes, .futbol, .madrid, .email, .club, .site, .viajes,.website, .photos, .music, .marketing, .shop, .news, .juegos, .hotel, .gratis, .design, .bio .casa, .abogado...

La elección del dominio es uno de los primeros pasos en cuanto al desarrollo de cualquier proyecto web. Puede ser una de las claves que haga que el posicionamiento de la misma sea bueno o no. Un nombre de dominio ha de ser corto, fácil de recordar, descriptivo y, sobre todo, debe contener la palabra clave. Muchas veces es cierto que la elección va reñida con la estrategia que queramos llevar a cabo, si por ejemplo queremos crear una marca, o explotar un nicho concreto. Lo ideal es hacer las dos cosas al mismo tiempo. Veamos un par de ejemplos para aclarar este tema.

Imaginemos que nuestro nicho está centrado en los viajes por Egipto. En ese caso tendremos varias opciones a la hora de registrar el dominio enfocado a explotar el nicho: viajes-egipto.com, viajes-egipto.net, egipto.viajes... Aunque esto también presenta un inconveniente bastante importante en el caso de que en el futuro nuestra empresa abarcase también los viajes por Israel, Palestina, Jordania, etc. el nombre ya no sería descriptivo del sitio web.

Otra opción, por ejemplo, es potenciar nuestra marca. Imaginemos que nuestra empresa se llama Traveltour, en ese caso el dominio podría ser traveltour. com. En mi caso siempre tuve interés en potenciar mi marca personal, por ello registré miguelgomezsa.com, ya que mi nombre es Miguel Ángel Gómez Sánchez.

Lo ideal es que el nombre coincida con la finalidad de la web. Si se trata de una empresa de viajes estaría bien introducir la palabra "viajes" dentro del dominio, por ejemplo miempresa-viajes.com.

También podemos comprar dominios que ya han sido registrados antes y aprovecharnos de su autoridad y rango. Para hacer esto basta con irnos a cualquier sitio web donde podamos ver y comprobar qué dominios han sido antes registrados, elegirlo y comprarlo. Para ello podemos fijarnos en varios valores para saber si es interesante o no, en especial en los 4 que a continuación describo:

- ▼ DA (*Domain Authority*): Métrica que nos proporciona Moz.com y valora del 1 al 100 la autoridad que tiene cada dominio según una serie de factores, que son tenidos en cuenta por Google para posicionar una web.

- ▼ PA (*Page Authority*): Métrica que también nos proporciona Moz.com e igualmente valora del 1 al 100 la autoridad de una página dentro de un sitio web, por ejemplo: miguelgomezsa.com/blog. En este sentido, cada una de las páginas de nuestra web pueden tener un PA distinto.

- ▼ TF (*Trust Flow*): Métrica de Majestic que valora del 1 al 100 la calidad de los enlaces entrantes que tiene cada dominio.

- ▼ CF (*Citation Flow*): Métrica de Majestic que valora del 1 al 100 la cantidad de los enlaces que tiene cada web.

¿Para qué nos sirven estos datos?

Una página TF 6 y CF 36 quiere decir que tiene muchos enlaces (CF) pero, de poca calidad (TF). Si por el contrario tenemos una página TF 27 CF 22, tendríamos una página con enlaces de calidad y a nivel SEO nos indicaría que tendríamos más valor y nos ayudaría mejor a posicionarnos.

En relación con esto, Publisuites.com, al igual que otras empresas, ha creado su propio rango llamado "PSRANK". A continuación vamos a ver una imagen aclaratoria:

A parte de todos estos valores, también se tienen muy en cuenta las redes sociales, número de seguidores, difusión, número de "me gustas", "RTs", "+1", etc., desde Facebook, Twitter, LinkedIn, Google + hasta Pinterest. Todas las redes sociales generan enlaces hacia nuestra web que son muy interesantes para valorar el contenido y recibir visitas.

CONSEJO PRÁCTICO

Eche un vistazo a los dominios que han caducado y que le puedan servir. Reutilizar alguno de ellos puede suponer una enorme ventaja.

Herramientas para encontrar dominios con alto DA y *backlinks*: expireddomains.net, registercompass.org y domcop.com

Herramienta para ver el contenido anterior de dichos dominios: archive.org

4.8 LA IMPORTANCIA DE UN BLOG EN UN SITIO WEB

Un blog es muy importante por diversos motivos, aunque el término ha ido perdiendo importancia con el tiempo y hoy en día a muchas cosas que no lo son se las llama blog.

Un blog es una bitácora personal donde el autor publica sus artículos o posts con una determinada frecuencia. El contenido puede ser muy diverso: novedades, noticias, ofertas, entrevistas... cualquiera es útil para nuestra web, siempre que coopere a la finalidad de la misma. Para cumplir nuestros propósitos y favorecer el SEO de nuestra web, el contenido que creemos debe ser rico en las palabras clave relacionadas con nuestro nicho, aquellas por las que nos buscan y reconocen nuestros usuarios. Podemos decir por tanto que la grandeza de un blog radica en la posibilidad de escribir contenido optimizado para SEO.

En mi caso, recibo miles de visitas mensuales de las cuales muchas son debidas a artículos que he publicado en el blog. Eso es lo que he podido conseguir gracias a la inclusión de palabras clave como: "programador web," "programador web *freelance*", "desarrollador web Murcia", "programador Murcia", "*freelance* Murcia", "mejor ebook seo", "mejor estrategia SEO", "mejor *hosting* gratuito", ".httaccess seo", "AMP para la versión móvil, versión móvil amp", entre otras.

Una de las ventajas que ofrece tener un blog frente a no tenerlo es que Google valora de forma positiva que nuestra web tenga un mínimo de páginas indexadas. Si nuestro sitio web, por ejemplo, ofreciera servicios y únicamente contara con algunas de las típicas páginas (inicio, servicios, dónde estamos, quiénes somos, contacto, aviso legal, política de Cookies... lo que viene siendo en definitiva una web básica), Google entendería que nuestro sitio consta de 7 páginas, lo cual es poco contenido. Además no se añadirían nuevos textos y no se renovaría el existente, lo que quiere decir que se le dedica poco tiempo, y por tanto quizás interese poco a los usuarios, por decirlo de alguna manera. Es por ello que cuantas más páginas tengamos indexadas mejor, pero teniendo siempre en cuenta no obstante que es mejor calidad que cantidad.

Ahí radica la importancia del blog, llamémosle blog, sección de noticias, artículos de interés, sección de ofertas, entrevistas... En estas secciones se puede añadir contenido, contenido optimizado para SEO, lo que hará que la web aporte valor, para los usuarios y para Google.

Esquema de visitas a nuestro sitio web. Guía de Google.

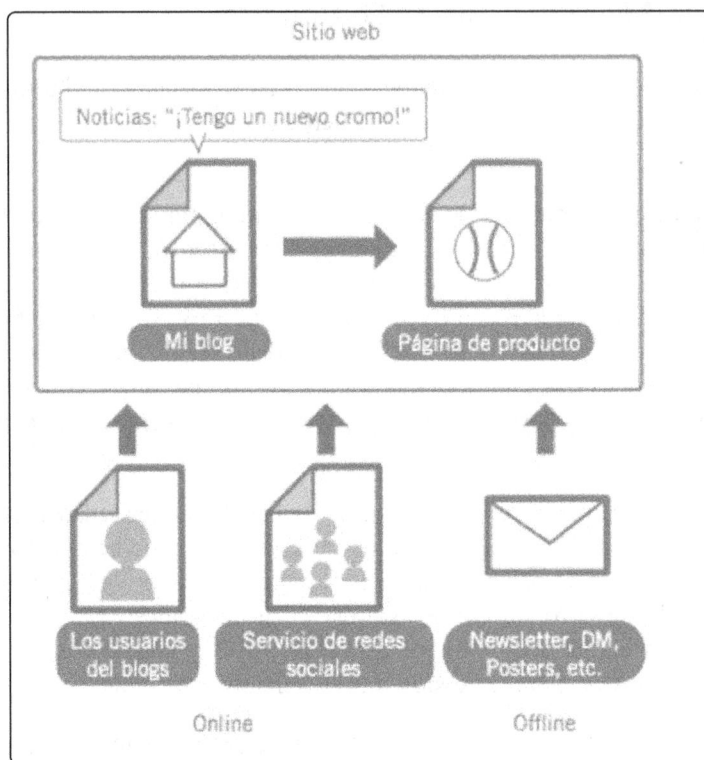

A continuación veremos algunas premisas que deberían ponerse en práctica en cualquier blog de calidad:

1. No alabar nuestros productos o servicios en exceso, evitando así crear una sensación de idoneidad quizá no ajustada a la realidad. Escribir todos los aspectos, nombrar todas y cada una de las características, llegando incluso a la comparativa con otros productos. Ser lo más específico posible.

2. Escribir tan solo de lo que conozcamos. Aportar valor y datos contrastados, lo cual conlleva una labor de investigación. Normalmente escribiremos contenido relacionado con nuestra profesión, nuestro hobby o cualquier tema que nos apasione. Si el tema elegido es bastante conocido, siempre se puede aportar nuestro punto de vista y opinión al respecto. Con la práctica y la experiencia llegaremos a convertirnos en expertos de ese nicho.

3. Captar suscriptores. Pocas estrategias hay más exitosas que contar con una base de datos de usuarios. Empleando técnicas de *email marketing* conseguimos visitas recurrentes, además de que las visitas puedan convertirse en potenciales clientes. Dar algo a cambio (un cupón de descuento o un *ebook* gratuito) para que un usuario se suscriba puede ser un buen aliciente. Después podemos ofrecer ofertas exclusivas.

4. Ser perseverante, publicar contenido con cierta constancia. No debemos dejar que el usuario de nuestro blog sienta una sensación de abandono o vacío. Un artículo por semana puede ser suficiente para dar a entender que la empresa está viva; uno diario refleja que se está realizando un esfuerzo notable todos los días.

5. Aprovechar el conocimiento cercano. En el caso de ser un blog corporativo, podemos apoyarnos en algún trabajador cualificado o, caso de conocer familiares o amigos que dominan la materia podemos apoyarnos en ellos para que no seamos los únicos que creemos contenido y así la continuidad del blog no dependa de una única persona.

6. Calendario: constancia y perseverancia. Una buena práctica sería programar fechas de publicación.

7. Actualidad: el contenido de un artículo es más relevante cuanto más se aproxime a la actualidad, realidad y necesidad del lector. Aunque lo más aconsejable es crear contenido *ever green*.

8. Provocar la participación de los usuarios. Interaccionar con los usuarios nos acerca a ellos, ya sea como empresa o como personas. Debemos responder siempre y tratar los diversos temas que puedan dar lugar a debate con educación, siendo imparciales a la hora de moderarlos.

5

CREANDO UN SITIO WEB

5.1 CONTENIDO

El contenido en la mayoría de los casos será la causa de que nuestro proyecto web funcione. Evidentemente no es lo único, también influye la forma en que éste se presente y otros muchos factores. Pero un contenido original, atractivo y relevante es el que atrae al usuario a su sitio web y el que fideliza al mismo.

La mejor manera de tener contenido es crearlo, sentarnos y escribir sobre algo que sepamos, generando opinión, detallando bien todos los aspectos de lo que hablemos, contrastando siempre la información... Pero no siempre tendremos tiempo o seremos los más indicados para escribir sobre ciertos temas que nos gustaría o que serían interesantes para nuestra web. Es por ello que hay que tener algunas fuentes interesantes de donde podamos extraer artículos. Más adelante, en la parte de herramientas, podrá encontrar algunas.

El contenido de un sitio es lo que busca cualquier persona, y por tanto lo que indexa el buscador. Cuánto más claro y fácil de encontrar sea el contenido de su sitio web, más posibilidades de que sea indexado y mostrado en los resultados de búsqueda. Los sitios webs con poco contenido, que muestran principalmente anuncios o enlaces de afiliados, o que redirigen rápidamente a los visitantes a otros sitios, tienden a no clasificar bien.

El contenido debe ser fácil de navegar, ofrecer riqueza, involucrar al visitante y proporcionarle la información que busque. En muchos casos, el contenido producido hoy seguirá siendo relevante dentro de años. Es lo que se llama contenido *ever green*, literalmente "siempre verde", siempre perenne. En otros casos, el contenido producido será inservible muy pronto ya que responde a un tipo de información que cambia con facilidad. Mi consejo es que intente crear todo el contenido *ever green* que pueda.

Normalmente cualquier persona busca en Google mediante texto, mediante palabras, aunque también existe la opción de buscar imágenes, noticias, lugares, vídeos, libros, aplicaciones para móviles e incluso vuelos. Con esto quiero decir que básicamente lo que más nos interesa para nuestra web es el texto. Aunque también podemos encontrarnos con que nos visitan usuarios procedentes de búsquedas de imágenes. Al igual que el texto, las imágenes conllevan un tratamiento, empezando por el nombre del fichero, el texto alternativo y el enlace.

5.2 KEYWORDS

Si queremos ser los mejores en SEO tenemos que tener el mejor contenido, para lo cual debemos elegir las mejores palabras clave. Es por eso que ahora vamos a hablar del *keyword targeting*.

Podemos definir el *keyword targeting* como la habilidad de crear contenido enfocado a palabras clave que nos darán las tan deseadas visitas que necesitamos para cumplir con nuestros objetivos. Debemos por ello hacer una buena elección y selección de éstas y estudiar bien cada caso

Nuestra web, como todo, tiene que tener una finalidad. El de una tienda *online* lógicamente será vender. En el caso de una web o blog personal, pueden ser varios: monetización, marca personal, visibilidad, etc.

Previamente al estudio de las *keywords*, debemos tener muy claro el público objetivo: su edad, intereses, localización… Éstos serán los factores en los que nos fijemos a la hora de crear el contenido de nuestra web.

Una vez hecho el estudio de mercado correspondiente y sabiendo a quién va dirigida nuestra web, tenemos que centrar todo el esfuerzo y tiempo en captar la atención de ese público objetivo y ganar visitas. Lo primero será tener un buen producto y un buen contenido, ya que sin ellos cualquier esfuerzo de posicionamiento no repercutirá en una buena conversión de ventas: los visitantes abandonarán su web al no encontrar el producto o el contenido de calidad por el que entraron.

Todo ello hace que debamos centrarnos en nuestro nicho y elegir muy bien a nuestros clientes con las palabras clave necesarias para atraerlos. Esto es el *keywords research*, del que hablaremos en el capítulo 7.9.

CONSEJO PRÁCTICO

Utilice herramientas *keyword research* para averiguar nuevos posibles objetivos de palabras clave y así crear contenido orientado a éstas.

5.3 LONG TAIL

El concepto de *long tail* o cola larga tiene que ver con la evolución social de la población a lo largo del tiempo.

Tradicionalmente, las personas han consumido productos o servicios genéricos, de características más o menos uniformes, y válidos para todos los públicos sin mayores distinciones. Era un poco lo que se conocía como el "café para todos".

La publicidad y la forma de crear contenidos para ese público era muy distinta a la situación que vivimos hoy en día, cuando cada vez más se impone la especialización y la necesidad de profundizar en las demandas específicas de cada grupo de población o nicho de mercado, que solicita productos o servicios diferentes a otros.

La cola larga alude a las palabras clave secundarias que acompañan a una principal. Así, por ejemplo, si tenemos la palabra clave "colegio", las palabras clave de larga cola serían "de primaria, de primaria en Madrid, diurno, privado, público…" Abarcaría todo el elenco de colegios que existen, especificando según características determinadas (el tipo de educación, el horario, la ciudad, etc.).

Una palabra clave principal tiene un mercado muy amplio, pero resulta mucho más difícil de posicionar que una secundaria de larga cola. Hay muchas más personas que la buscan y demandan, pero también tiene una competencia mucho mayor entre todos los ofertantes de contenido. Por esto mismo quizá no sea una correcta estrategia desde el punto de vista del SEO.

Para destacar, para posicionar, para conseguir que nos encuentren y para, en definitiva, tener una competencia menor, debemos restringir nuestro campo de acción y dirigirnos a públicos lo más específicos posibles, con las concretas palabras que caracterizan sus demandas. Solo así lograremos alcanzar una posición relevante en un mercado que, si bien pueda ser pequeño, nos permitirá reinar en él. En cualquier caso hay que tener en cuenta que, una vez trabajada y agotada una palabra clave de larga cola, podemos enfocarnos en otra y así sucesivamente. Nuestra tarea puede no tener fin. De esta forma, finalmente abordaremos todo el nicho de mercado pero acometiéndolo por partes, lo cual sin duda es una estrategia mucho más beneficiosa para nuestro SEO.

En la parte 3 del libro veremos una serie de herramientas que nos van a permitir buscar palabras clave de larga cola, para sugerirnos posibilidades y ayudar nuestra inspiración.

CONSEJO PRÁCTICO

Utilice herramientas *keyword research* para averiguar tendencias y poder hacer un buen *keyword targeting.*

5.4 SEO ON PAGE

Al igual que un libro cuenta con una estructura, un índice y unos capítulos, las páginas de un sitio web tienen elementos que estructuran el contenido y que los buscadores tienen en cuenta para determinar la importancia del mismo. Así se determina qué palabras son más relevantes que otras, qué páginas son más importantes, a qué sector o categoría pertenece nuestra web y demás datos relevantes. Es a lo que llamamos meta información.

5.4.1 Etiquetas

Con independencia de que una web debe estar bien formada en cuanto a código (programación), debemos jugar con todos los elementos posibles para conseguir crear contenido de calidad, tanto para los usuarios como para los motores de búsqueda.

A la hora de crear dicho contenido debemos tener en cuenta el uso de etiquetas que darán sentido al mismo. Es lo que llamamos semántica.

Con la última versión de HTML 5 se han añadido etiquetas nuevas con las que identificar más fácilmente las diferentes partes de una página web. El uso de dichas etiquetas HTML dependerá en muchas ocasiones de la programación y de la plantilla del CMS que escojamos en su caso. Algunas de estas etiquetas únicamente se tendrán que trabajar al inicio de cada proyecto y se generarán de forma automática cada vez que generemos contenido nuevo. Son, por ejemplo, las siguientes: <nav>, <header>, <footer>, <article>, and <section>.

5.4.2 Títulos

Por otro lado, es especialmente importante usar los títulos o encabezados (*headers*) H1 a H6 en el contenido web. Sólo puede haber un título H1 que se corresponda con el título del sitio web y no tiene porqué ser igual al que nos encontramos en la etiqueta <title> de la página. A partir de ahí, hay que estructurar los elementos de la página según su importancia usando los títulos desde el H2 al H6.

Si dentro de los encabezados de la página aparece alguna de las palabras clave que intentamos posicionar, estaremos indicando que el contenido de nuestra web está relacionado con esa palabra y, por lo tanto, la web será mejor valorada a la hora de posicionar entorno a esa palabra en los resultados de búsqueda.

De igual forma que los titulares, hay elementos dentro del texto que indican a los buscadores que una frase o palabra es más importante que otra. En HTML, esas frases o palabras a resaltar se pueden indicar mediante negritas o cursivas o subrayado. De igual forma se puede repetir a lo largo del texto, sin abusar de ello, es decir sin caer en el llamado *keyword stuffing*. También es importante que aparezca lo más razonablemente posible al principio del contenido, es decir, en el primer párrafo.

5.4.3 Meta etiquetas

Las etiquetas META son secciones de código HTML que no resultan visibles para los usuarios a menos que visualicen el código fuente de la página. Dichas etiquetas contienen información relevante sobre el contenido de la misma.

Las más importantes para el posicionamiento son:

▼ **Title.** El título de la página, que es muy bueno que contenga alguna de las palabras clave.

▼ **Description**. La descripción corta de la página. Lo ideal es que contenga entre 70 y 160 caracteres (incluyendo espacios).

Una buena descripción actúa como un anuncio orgánico potencial y anima a quien lo ve a hacer clic para visitar el sitio web. Asegúrese de que su meta descripción sea explícita y contenga las palabras clave más importantes. Cada página debe tener una única meta descripción relevante para el contenido de la página. Es aquí donde se tiene que poner en práctica todo nuestro conocimiento del *copywriting*: el arte de la escritura persuasiva.

De estas etiquetas Google creará el conocido SERP (*Search engine results page* o Página de resultados del buscador) que podemos ver en la imagen de a continuación.

▼ **Keywords**. Aunque según Google esta etiqueta ya no se tiene en cuenta a la hora de "rankear" una página, debido a que todo el mundo comenzó a abusar de ella, en ella puede indicar las palabras clave relacionadas con la página que estamos visitando separadas por comas.

Personalmente opino que se deben incluir en este listado aquellos términos por los que queremos posicionar nuestra web.

▼ **Atributos ALT:** Esta etiqueta se utiliza en las imágenes < img > para describir las mismas. En el caso de que no fuera posible cargar la imagen podríamos saber de forma orientativa su contenido. Se puede complementar con el atributo *title*.

▼ **Height y width:** Alto y ancho de una imagen. Son datos necesarios para que el navegador pueda maquetar la vista sin que se hayan cargado las imágenes. Mejora el rendimiento de nuestra web y por tanto mejora el SEO.

5.4.4 Enlaces

5.4.4.1 ENLACES INTERNOS

Son los enlaces que utilizamos en diferentes partes de nuestra web para dirigir al usuario a otros contenidos de la misma.

Son importantes dado que el número de enlaces hacia una página indica la importancia de la misma con respecto al resto. Dicho de otra forma, si tenemos muchos enlaces dentro de un dominio hacia alguna de las páginas, los motores de búsqueda entenderán que la página enlazada es una de las más importantes del sitio.

Igualmente ayudan a crear una visión de cómo se relaciona el contenido dentro del sitio web. Esto hace que los usuarios puedan navegar más fácilmente por el sitio y que no lo abandonen.

5.4.4.2 ENLACES EXTERNOS

Son aquellos que provienen de una web diferente a la nuestra.

Que nos enlacen desde diferentes páginas supone un otorgamiento de credibilidad para nuestro sitio y nos hacen ascender en los *rankings* de los motores de búsqueda.

Hay que tener en cuenta, no obstante, que si el sitio desde el que nos enlazan tuviese una dudosa reputación el nuestro saldría perjudicado.

Por nuestra parte, conviene tener algunos enlaces a otras webs, sobre todo de cierta reputación como YouTube o Wikipedia. Esto da credibilidad al sitio.

5.4.5 Compartir en redes sociales

Compartir en redes sociales nuestro contenido supone visitas al sitio web, y por tanto mejora en los resultados de búsqueda, debido a los enlaces externos que se crean.

Podemos compartir tanto el contenido reciente como el antiguo. En este último caso hablamos de reciclaje del mismo, y constituye una interesante estrategia para producir tráfico continuado.

5.4.6 Indexabilidad o *Crawlability*

Que nuestro sitio web sea indexable significa que es accesible a los motores de búsqueda. Para ello debemos asegurarnos de tener en cuenta los siguientes aspectos:

Estructura de navegación: mantener una estructura de navegación limpia, simple y fácil de rastrear. Un menú bien ordenado o un mapa web ayudan cumplir esta tarea.

Contenido multimedia: utilizarlo con arreglo a los estándares autorizados. Por ejemplo, evitar el uso de Flash.

URL amigables: usar URLs cortas y semánticas. Evitar el uso de variables de sesión & y # siempre que sea posible.

Robots.txt: situado en la raíz del dominio, es un archivo que debemos tener bien configurado. A través de Google Search Console, podemos asegurarnos de que el archivo sea accesible.

XML Sitemaps: tener el *sitemap* bien generado y actualizado.

5.4.7 Contenido

Veamos las pautas principales que debe reunir nuestro contenido:

Uso de la etiqueta ALT: ayuda a mejorar la accesibilidad de nuestra web, de forma que podemos conocer la descripción de una imagen sin llegar a verla.

Construir el contenido en base a las palabras clave elegidas y utilizarlas dentro del texto varias veces.

Mejorar la experiencia del usuario evitando contenido embebido de Flash o JavaScript, ya que bloquean a los rastreadores e impiden encontrar el contenido.

Imágenes: no es recomendable utilizar imágenes para albergar texto o contenido relevante, ya que no posiciona.

Cantidad de contenido: hay que crear contenido suficiente para satisfacer las expectativas de los visitantes. No hay tope o límite en el número de palabras. Se considera un SEO bajo los textos que rondan las 300 y 500 palabras, podríamos hablar de un SEO medio los textos de 500 a 900 palabras y consideramos SEO alto cualquier contenido con más de 900 palabras.

Novedad en el contenido: los rastreadores indexan con más frecuencia las páginas que son actualizadas frecuentemente.

Contenido único: significa que el contenido sea original, no reutilizar el de otras fuentes. Se penaliza mucho el contenido duplicado en Internet.

Uso de la etiqueta < rel canonical >: utilizarla ayuda a los motores de búsqueda a entender qué página debe recibir más valor y ser indexada en caso de contenido duplicado.

Ratio texto/HTML: tener un buen ratio texto/HTML es positivo. Esto significa que nuestra web debe tener un alto porcentaje de contenido en formato texto, que es lo que más aporta valor y significado al mismo, y por lo tanto lo que mejor entienden los motores de búsqueda como Google.

Indexabilidad de las páginas: se deben tener indexadas varias páginas.

Enlaces claros y accesibles: no tener enlaces bajo Javascript, Flash, Silverlight...

5.4.8 Resolver adecuadamente www

Debemos asegurarnos que *www.miguelgomezsa.com* y *miguelgomezsa.com* sean la misma página web y no estén funcionando en paralelo.

Para ello debemos cerciorarnos de que nuestro sitio web sea sólo accesible a través de un único protocolo: HTTP o HTTPS. Así evitamos que los motores de búsqueda mal interpreten las URL como dos sitios web diferentes.

Una vez establecido el dominio primario (con www. o sin www), debemos utilizar una redirección 301 para todo aquel tráfico que llegue al dominio o versión que no estemos utilizando, con objeto de redireccionarlo al correcto.

5.4.9 Canonicalización de la IP

Es la unificación entre dominio e IP. Consiste en que nuestra dirección IP nos remita a nuestro sitio web y viceversa.

Se debería establecer un redireccionamiento 301 para asegurarnos de que la IP no está indexada con el contenido de nuestra web y no funciona en paralelo, al igual que nos puede pasar con www y HTTPS.

En algunos casos tendremos que contratar el servicio de IP única. Normalmente una IP se comparte con varios dominios. En el caso de que tengamos un servidor propio y diversos dominios, podemos elegir el preferido.

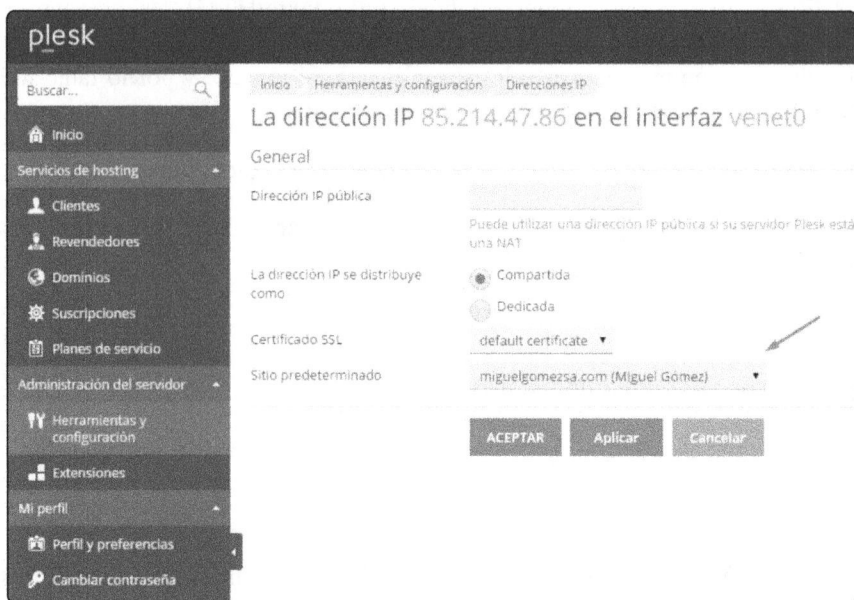

5.4.10 URL - SLUG

Las URLs deben ser cortas y contener la palabra clave. Es importante asegurarnos que no contengan guiones bajos (_) ni caracteres raros o especiales (!"·$%&/()=). Debemos usar guiones medios (-) en lugar de espacios.

El slug es la parte de la URL que se debe poder editar. Anteriormente se identificaban los artículos o productos mediante un id, un número de identificación único e interno de cada web, pero que no aportaba información ninguna al usuario. Ahora la tendencia es poder elegir esa parte de la URL que es editable para mostrar la información.

Seguir estos pasos es lo que se llama contar con URLs amigables (*friendly URLs*).

Ejemplo de URL amigable.

https://miguelgomezsa.com/blog/ebook-seo-mas-vendido-amazon

5.4.11 Backlinks

Los *backlinks* son enlaces que conducen a nuestro sitio web desde otros sitios web. Es importante tener *backlinks* de calidad. Cuanta mejor reputación tenga el sitio que nos enlace mayor repercusión positiva tendremos a la hora de que Google nos clasifique en los resultados de búsqueda.

5.4.12 Archivo robots.txt

Un fichero robots.txt permite restringir el acceso a los robots de los motores de búsqueda que rastrean la web y por tanto evitar que accedan a directorios o páginas determinadas. También sirve para especificar la ubicación del archivo del mapa del sitio XML.

5.4.13 Sitemap.xml

Un mapa del sitio enumera las URL que pueden rastrearse y puede incluir información adicional, como las últimas actualizaciones del sitio web, la frecuencia de cambios y la importancia de las URL. Esto permite a los motores de búsqueda rastrear el sitio de una forma más exhaustiva.

5.4.14 Rich snippets

Los *rich snippets* o fragmentos enriquecidos son una forma de estructurar los meta datos de nuestro contenido de una forma en la que los navegadores puedan ofrecer información extra en los resultados de búsqueda, por ejemplo, la fecha de publicación, el autor o las valoraciones de los usuarios. Por tanto es muy interesante implementarlos en nuestro sitio web.

Ejemplo de *rich snippets,* donde podemos observar el número total de valoraciones y la nota media.

Ebook sobre SEO más vendido y mejor valorado de Amazon 'SEO ...
https://miguelgomezsa.com/blog/ebook-seo-mas-vendido-amazon ▾
★ ★ ★ ★ ☆ Valoración: 4,6 - 135 reseñas
Mi Ebook sobre SEO. SEO luego Existo vuelve a estar entre los más vendidos y mejor valorados de Amazon. Posiblemente el mejor Ebook de SEO en Amazon.

5.4.15 Blog

Un blog es un estupendo lugar para poner en práctica la estrategia del *marketing* de contenidos. Aunque publicar contenido en otras webs podría ser una buena estrategia si creamos enlaces apuntando hacia nuestra web, lo principal es hacerlo en nuestro propio sitio.

5.5 CÓMO ESCRIBIR CONTENIDO OPTIMIZADO PARA SEO

A continuación veremos las directrices en orden de importancia para escribir contenido optimizado para SEO.

- ▼ Palabras claves – *keywords*.
    - Debemos elegir la palabra o palabras clave antes de empezar a escribir.
    - No deben existir *stop words*, es decir palabras que no aportan contenido semántico.
    - Mejor que no se haya usado antes.

- ▼ Título del post.
    - Se ha de elegir un título de entre 45 y 70 caracteres.
    - Debe ser descriptivo y contener la palabra clave.
    - Ej.: "Desarrollo web - Todo lo que debes saber para crear tu página web" (61 caracteres).

- ▼ URL y slug
    - Tienen que ser cortas.
    - Deben contener la palabra clave y ser descriptivas del post.
    - Ej.: "desarrollo-web-lo-que-debes-saber"

- ▼ Contenido.
    - Ha de tener al menos 300 palabras.
    - Se debe repetir la palabra clave entre un 2,5 % y un 5 % del total del contenido.
    - Debe contener al menos una imagen relacionada con el tema.
    - Es recomendable que la palabra clave aparezca en el primer párrafo.
    - Lo ideal sería que la palabra clave apareciera en negrita y en algún subencabezado (h2, h3, h4,...).
    - Links externos hacia alguna web relacionada con el contenido.
    - Links internos hacia otros sitios de su web con la palabra clave que se desee potenciar.

▼ Meta descripción.
  - Debe contener la palabra clave.
  - Longitud mínima de 150 y máxima de 170 caracteres.
  - Recomendable que sea atractiva para el lector.
  - Ofrecer un resumen del contenido.
  - Evitar meta descripciones duplicadas

▼ Imágenes.
  - Al menos debe haber una imagen por cada post.
  - Contener el atributo "alt", con el texto alternativo, describiendo la propia imagen.
  - Optimizada en relación calidad/tamaño y compresión.
  - El nombre del archivo usado debe ser descriptivo de la imagen.
  - Ideal que se use JPEG progresivo al guardar el archivo.

Es aconsejable que se dedique parte del tiempo a investigar el nicho, por ejemplo con esta herramienta *kwfinder.com*.

CONSEJO PRÁCTICO

Utilice *plugins* como Yoast de SEO para crear contenido aunque luego éste no se publique en Wordpress, sino en cualquier otro medio.

5.6 INDEXACIÓN SEMÁNTICA LATENTE (LSI)

Es la indexación de un contenido con palabras relacionadas semánticamente entre sí. Se basa en la regla de que las palabras utilizadas en un mismo texto o contexto tienen un significado parecido.

Es un tipo de indexación que utiliza Google para relacionar semánticamente el contenido de una página web, estableciendo el posicionamiento de la misma en los *rankings* de búsqueda en torno a unas determinadas palabras clave.

Cuando creamos textos de esta forma, el robot de Google no sólo considerará las palabras clave que hemos utilizado para posicionar la web en cuestión, sino que además relacionará aquellos términos que semánticamente son similares.

Un ejemplo: si estamos realizando una entrada sobre la palabra "vivienda", Google también podría relacionar semánticamente las opciones "viviendas", "casas" o incluso "pisos".

¿Google puede relacionar varias palabras clave con variantes semánticas?

Fácilmente, Google cuenta con un diccionario donde relaciona miles de palabras y frases hechas entre sí. Además está en constante evolución y aprende de los usuarios, incluso corrige faltas de ortografía y le sugiere al usuario nombres propios, como actores, escritores…

Google podría considerar las siguientes variantes:

- El singular y plural del término.
- El masculino y el femenino.
- Los sinónimos.
- Sustantivos, adjetivos, verbos y variaciones lingüísticas.
- Faltas de ortografía.
- Expresiones.

¿Cómo aprender y comprobar términos relacionados semánticamente?

Contamos con una fantástica herramienta para ello, Google Adwords. En su opción de "Ideas para palabras clave" se puede ver un montón de sugerencias para poder utilizar.

Grupo de anuncios (por relevancia)	Promedio de búsquedas mensuales mar. de 2015 - feb. de 2016	Competencia	Puja sugerida
Programador Php (20) programador php, programadores php, busco...	1 980	Media	1.24 €
Diseño Web (19) diseño web, diseño de web, diseño de webs...	41 700	Media	1.91 €
Web Programador (1) curriculum vitae programador web	40	Baja	2.05 €
Programador De (12) programador de paginas web, web de progra...	3 190	Media	0.84 €
Diseñador Web (19) se busca diseñador web, diseñadores web, b...	1 180	Media	1.44 €
Desarrollo Web (9) desarrollo web, desarrollo web php, php desa...	14 490	Media	1.68 €
Web Trabajo (8) trabajo programador web, trabajo diseñador w...	550	Baja	0.89 €
Programar Web (8) programar paginas web, programar una pagin...	510	Media	1.91 €
Web Empleo (7) diseñador web empleo, empleo programador...	560	Baja	0.84 €
Trabajo Programador (12) trabajo de programador, trabajo programador...	1 140	Baja	0.22 €
Web Programacion (9) programacion web, programacion sitios web...	4 050	Baja	1.35 €
Desarrollador Web (13) busco desarrollador web, se busca desarrolla...	440	Baja	1.28 €

Otra forma sencilla es usando el autocompletado de Google. Basta con teclear el término en el cual estamos interesados y esperar. De esta manera:

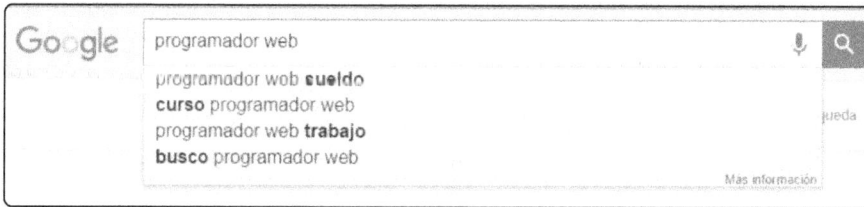

Otros resultados que podemos usar para guiarnos en la semántica son las sugerencias de búsqueda relacionada que nos ofrece Google dentro del buscador. Las podemos ver cómo "Búsquedas relacionadas" con 'nuestra palabra clave" al final de página.

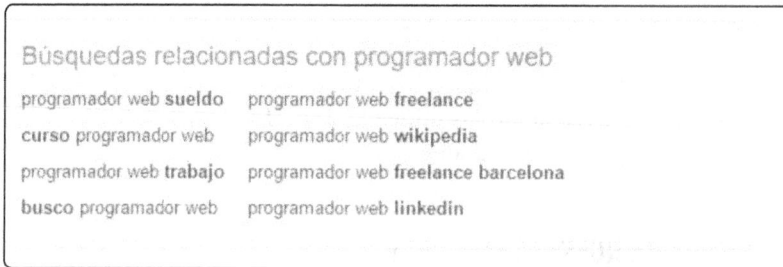

Finalmente Google nos corregirá si nos hemos equivocado en el término a buscar.

Ventajas de la Indexación Semántica Latente

Son muchas las ventajas de las que podemos beneficiarnos sobre todo a largo plazo. A continuación nombraré algunas de ellas

▶ Mayor riqueza de contenido.
▶ Reforzamiento del término (*keyword*) principal.
▶ Posicionamiento para varios términos, no solo uno.
▶ Consecuencia de todo ello, aumento de la calidad de nuestro contenido.

Si somos capaces de analizar este mecanismo, podremos incorporar una serie de mejoras en la optimización de los factores internos de nuestra estrategia de posicionamiento SEO.

Para llevar a cabo bien la LSI debemos aprovechar muy bien la meta descripción. Como el título tiene que ser relativamente corto, tendremos que insertar en la descripción de la página todos los términos relacionados que podamos, recordando siempre no utilizar más de 160-170 caracteres.

Intentaremos también incluir los términos semánticos relacionados en los títulos y subtítulos: aprovechando las etiquetas H1, H2, negritas… En las etiquetas alt de imágenes y los *title* de los enlaces.

5.7 ESTRUCTURA DE NUESTRO SITIO WEB

Cualquier página web normalmente está hecha con HTML, CSS y JS. El HTML es el lenguaje de marcas empleado para la web, del cual en octubre de 2014 se publicó la versión definitiva: HTML 5.

HTML 5 incluye etiquetas que aportan valor semántico a la web, como es el caso de *header, footer, article, aside, nav*, audio, video… Las mismas, como el lenguaje en sí, han de usarse correctamente.

Para tener un buen proyecto web con un correcto posicionamiento, debemos tener en primer lugar una buena base, unos buenos cimientos. Para ello debemos guiarnos por los estándares establecidos, y en este sentido podemos saber si nuestro código está bien formado siguiendo los estándares de la W3C, encargada de ello. Podemos validar el código de nuestra web mediante el validador de la W3C al que se puede acceder a través de la dirección validator.w3.org.

También podemos validar el CSS, el lenguaje para trabajar el diseño y el estilo de nuestra web. E igualmente, el (javascript) JS, el lenguaje de programación del lado del cliente para crear algunas de las funcionalidades de la web.

Antiguamente se creaban webs con Flash. Esta tecnología está obsoleta y es importante que se prescinda de ella para cualquier proyecto web. No es indexable por los motores de búsqueda y esto a día de hoy es un gran atraso. De hecho no está disponible en dispositivos móviles. Además de insegura, consume muchos recursos. Es mucho más recomendable usar HTML 5.

5.7.1 Arquitectura

Cuando se habla de arquitectura web podemos hacer multitud de similitudes con la arquitectura convencional. Al final no es otra cosa que tener una buena estructura que facilite la navegación y permita tener una buena experiencia de usuario (UX). A mí me gusta llamarlo mantener un orden en cuanto a la navegación.

En primer lugar hay que saber que lo más relevante y lo que debemos tener claro es que lo más importante tiene que estar a simple vista. Cuando se dice que "la primera impresión es lo que cuenta", así es, y en proyectos web, es lo más importante. El usuario medio únicamente se fija en el primer pantallazo de una web, es decir, la parte superior. Por norma general los usuarios no hacen *scroll* hacia abajo. Las estadísticas así lo demuestran, aunque depende del tipo de web y del dispositivo que se use para visualizar la misma. Por ello debemos definir una buena arquitectura de enlaces en nuestra web, para que nunca nos perdamos navegando y siempre encontremos enlaces útiles que visitar.

Es importante colocar al principio y a la izquierda siempre un enlace a la *home*, a nuestra página principal. Esto ayuda a que el usuario no se pierda y siempre pueda volver al inicio. El menú principal debe estar formado por enlaces a las partes más importantes de nuestra web y debe estar en la parte superior, si es posible siempre visible. Un *sidebar* o dos en el contenido, mostrarán al usuario otras páginas que visitar e igualmente facilitaría la navegación.

Es recomendable poner los productos o servicios nuevos o las últimas entradas en la *home* porque tardarán menos tiempo en indexarse y los motores de búsqueda le darán una importancia mayor que al resto, al tener un enlace directo desde el dominio raíz.

Nuestra web debe ser dinámica, parecer que está viva. Y es conveniente añadir contenido lo más frecuentemente posible. De esta forma los motores de búsqueda entienden que tienen que rastrearla e indexar su contenido con más frecuencia que otras webs y pasarán más a menudo por la nuestra.

La creación de contenido no ha de hacerse sin pensar; es preferible calidad a cantidad. Para aparentar dinamismo se suelen usar *sliders* y demás imágenes o *banners* con movimiento, incluso intercambiando el orden de las mismas, añadiendo nuevas, o reciclando antiguas. El uso de *sliders* aumenta la experiencia del usuario. El cambio de imágenes hace parecer al usuario que la web ha cambiado de una vez a otra y le invita a volver para ver los nuevos contenidos. Para fomentar todo ello se suelen insertar ofertas, novedades o artículos destacados.

5.7.2 Usabilidad y accesibilidad web

La usabilidad es un tema que actualmente está adquiriendo una notable notoriedad, aunque suele ser muy descuidado por algunos desarrolladores web. Normalmente, el desarrollo web siempre ha ido de la mano de modas pasajeras, dejando de lado este tema tan importante como la usabilidad.

No debemos olvidarnos que una web está destinada a personas, por lo que debemos hacerlas para ellas. Es por eso que una web debe ser, ante todo, rápida. Google ahora más que nunca está haciendo hincapié en la velocidad de la web. Con su reciente publicación de AMP para versión móvil, promueve este nuevo estándar de desarrollo para versiones móviles de webs que aumenta la velocidad de las mismas hasta cuatro veces.

En cuanto a la accesibilidad, es muy importante la misma, tanto para personas con facilidades para leer correctamente cualquier web como para las que no. En este sentido es recomendable seguir todas las pautas marcadas en cuanto a desarrollo web, y por ejemplo completar siempre los atributos "alt" de las imágenes con el texto alternativo de las mismas.

En ocasiones existe un poco de conflicto entre diseño y usabilidad. Yo siempre recomiendo el uso de "diseños para todos". A veces, una apuesta arriesgada en cuanto a diseño puede perjudicar la web y hacernos perder cientos de visitas.

CONSEJO PRÁCTICO

Intente comprobar si su web es totalmente accesible con la herramienta xml-sitemaps.com

5.7.3 Linkbuilding interno

Los motores de búsqueda basan la importancia de una página en diversos factores, por ejemplo la cantidad de enlaces tanto externos como internos hacia esa página. Es decir, cuantos más enlaces tengamos apuntando a una de nuestras páginas más importancia tendrá ésta.

Es necesaria, incluso antes de la creación de nuestro sitio web, la elaboración de un esquema de enlaces dónde vayan surgiendo las páginas de la raíz, o de una página superior, cual si de un árbol se tratase: desde la más importante hasta las que menos importancia tienen.

En esta imagen podemos ver como Google muestra los enlaces que según su algoritmo son más importantes en nuestra web:

Podemos cambiar el comportamiento de esta función de Google desde Search Console en "Aspecto de la búsqueda" > "Enlaces de sitios". Es lo que podemos hacer si, por ejemplo, queremos eliminar resultados mostrados.

5.7.4 Footprints

Los *footprints* son palabras clave situadas en el pie de página de la web, es decir en el *footer*. Son útiles para complementar con palabras clave de nuestro nicho y así optimizar el contenido. Es una estrategia con un gran potencial ya que el pie de página es algo que, al igual que la cabecera o *header*, se suele repetir en todas y cada una de las páginas de nuestra web. Esta técnica se utiliza mucho cuando se quiere hacer uso del *keyword stuffing*.

En muchas webs, en el pie de página se acostumbra a insertar el aviso legal, la política de cookies, las políticas de devolución y apartados por el estilo. A veces tenemos demasiados enlaces apuntando a estas páginas que no tienen gran importancia en cuanto a SEO, por lo que en algunos casos es recomendable que estos enlaces sean *no follow*. Es por ello que añadir los citados *footprints* en esta parte de la web nos puede reportar interesantes beneficios.

CONSEJO PRÁCTICO

Reflexione sobre qué palabras clave pueden ser de interés para su proyecto y piense como colocarlas en el pie de página de su web. Intente siempre aportar utilidad al usuario y valor semántica al contenido.

5.8 ASPECTOS TÉCNICOS A TENER EN CUENTA

A continuación hablaremos de los aspectos técnicos básicos a tener en cuenta para un correcto posicionamiento web.

5.8.1 Robots.txt

El fichero robots.txt es muy necesario en cuanto a SEO. Se usa para comunicarnos con los motores de búsqueda, a los que nos referiremos también como "la araña de Google" o robots a secas, de ahí el nombre del fichero. Los motores de búsqueda, como ya sabemos, son los encargados de analizar todas y cada una de las páginas web que existen en Internet y añadirlas a su índice, el cual las ordena en base a su algoritmo para mostrar los resultados de búsqueda en un sentido determinado u otro.

El fichero robots.txt debe estar en la raíz del dominio. Permite comunicarle a la araña de Google los directorios o páginas que queremos indexar y los que no. También se usa para especificar la ubicación del archivo sitemap.xml que veremos a continuación.

Este puede ser el contenido de un archivo robots.txt muy común, en el que indicamos la localización exacta de nuestro sitemap.xml, e indicamos que cualquier robot puede indexar todo nuestro contenido:

▸ Sitemap: *http://miguelgomezsa.com/sitemap.xml*
▸ User-agent: *
▸ Allow: /

Como curiosidad aquí tenemos una imagen del robots.txt de la web de la casa real:

```
← → C ⌂   🗋 www.casareal.es/robots.txt

User-agent:  *
Disallow:
Disallow:  /_*/
Disallow:  /ES/FamiliaReal/Urdangarin/
Disallow:  /CA/FamiliaReal/Urdangarin/
Disallow:  /EU/FamiliaReal/Urdangarin/
Disallow:  /GL/FamiliaReal/Urdangarin/
Disallow:  /VA/FamiliaReal/Urdangarin/
Disallow:  /EN/FamiliaReal/Urdangarin/
Sitemap:  http://www.casareal.es/sitemap.xml
```

Estos archivos tienen un inconveniente, y es que en caso de una página enlazada desde un sitio web indexado en Google, probablemente nuestra página también será indexada aunque la hayamos puesto en *Disallow* dentro de nuestro robots.txt. Con esto quiero decir que el fichero robots.txt no es tampoco fiable al 100%., y para asegurarnos de que no se indexen algunos directorios deseados debemos usar otras técnicas más efectivas, como la autenticación por medio de .httaccess.

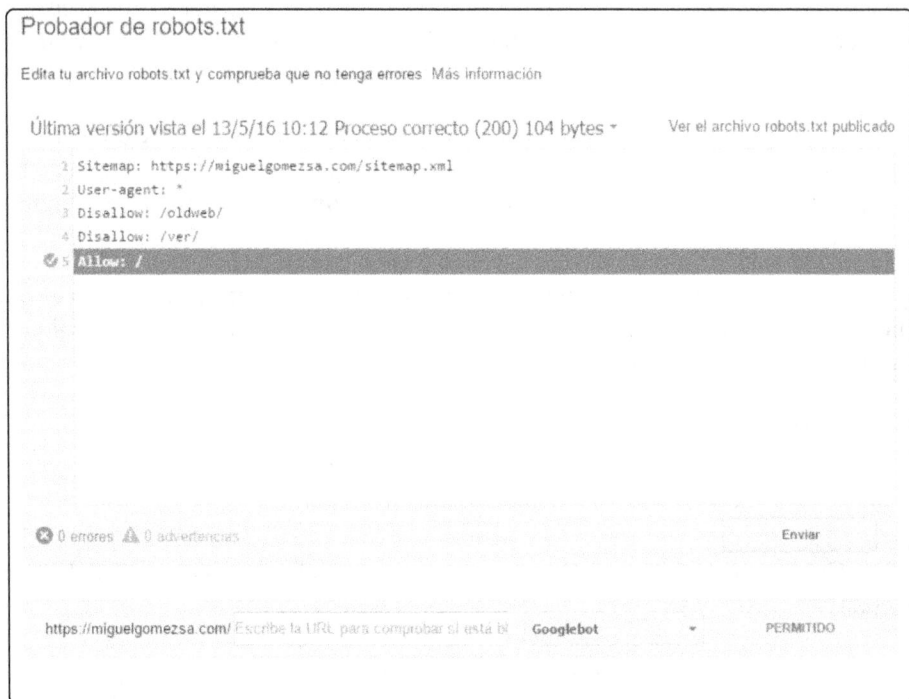

Probador de robots.txt

Edita tu archivo robots.txt y comprueba que no tenga errores Más información

Última versión vista el 13/5/16 10:12 Proceso correcto (200) 104 bytes ▾   Ver el archivo robots.txt publicado

```
1 Sitemap: https://miguelgomezsa.com/sitemap.xml
2 User-agent: *
3 Disallow: /oldweb/
4 Disallow: /ver/
5 Allow: /
```

❌ 0 errores ⚠ 0 advertencias   Enviar

https://miguelgomezsa.com/ Escribe la URL para comprobar si está bl   **Googlebot**   ▾   PERMITIDO

PRÁCTICA

Asegúrese de que el motor de búsqueda de Google puede acceder a su sitio web usando la funcionalidad "Rastreo" > "Probador de robots.txt" en Search Console.

5.8.2 Sitemap.xml (mapa del sitio)

El sitemap.xml es un archivo en formato XML que, al igual que el robots.txt, es muy importante y debe estar en la raíz de nuestro sitio web.

En el sitemap.xml se deben enumerar todas las URLs que deben rastrearse. Puede incluir información adicional, como la importancia o prioridad de cada una de las páginas, la frecuencia con la que se modifica el contenido o se realiza cualquier cambio, la fecha de la última modificación, etc.

También se pueden incluir en el sitemap.xml los enlaces a imágenes y vídeos contenidos en la web.

La información que ofrece el sitemap.xml permite a los motores de búsqueda rastrear el sitio web de una forma más exhaustiva. Como he comentado antes, también se considera una buena práctica especificar la localización del sitemap.xml en el archivo robots.txt.

Este sería un ejemplo de sitemap.xml:

```xml
<?xml version="1.0" encoding="UTF-8"?>
<urlset
        xmlns="http://www.sitemaps.org/schemas/sitemap/0.9"
        xmlns:xsi="http://www.w3.org/2001/XMLSchema-instance"
        xsi:schemaLocation="http://www.sitemaps.org/schemas/sitemap/0.9
                http://www.sitemaps.org/schemas/sitemap/0.9/sitemap.xsd">
<url>
  <loc>https://miguelgomezsa.com/</loc>
  <lastmod>2016-03-10T14:38:28+00:00</lastmod>
  <changefreq>always</changefreq>
  <priority>1.00</priority>
</url>
<url>
  <loc>https://miguelgomezsa.com/blog</loc>
  <changefreq>always</changefreq>
  <priority>0.80</priority>
</url>
<url>
  <loc>https://miguelgomezsa.com/blog/trucos-velocidad-web-disminuir-rebote</loc>
  <changefreq>always</changefreq>
  <priority>0.80</priority>
</url>
<url>
  <loc>https://miguelgomezsa.com/blog/https-ventajas-seo</loc>
  <changefreq>always</changefreq>
  <priority>0.80</priority>
</url>
<url>
  <loc>https://miguelgomezsa.com/seccion/miguel-gomez-programador-seo-murcia</loc>
  <changefreq>always</changefreq>
  <priority>0.80</priority>
</url>
```

Se puede probar el correcto funcionamiento del archivo sitemap.xml igualmente dentro de Google Search Console.

PRÁCTICA

Si no usa ninguna herramienta que cree automáticamente los ficheros sitemap. xml de su sitio web, como puede ser el *plugin* Yoast de SEO para Wordpress, use xml-sitemaps.com y cree un fichero de su sitio web y súbalo a la raíz de su dominio.

5.8.3 Pingbacks y XML-RPC

Los *pingbacks* son avisos que llegan a un sitio web cuando alguna página del mismo es enlazada desde otro sitio web.

Es necesario habilitarlos tanto para recibirlos como para emitirlos. En el supuesto de que así sea, si un artículo de mi web es enlazado desde otra, a mí me llegará el aviso de dicha circunstancia. Si dicho aviso, es decir si dicho *pingback* es aprobado por mí, pasará automáticamente al área de comentarios. Se representan así: [...], es decir empiezan y terminan en tres puntos entre corchetes [...].

Los *pingbacks* creados también pueden tener la consideración de enlaces externos hacía nuestra web, con lo que pueden llegar a formar parte de nuestra estrategia de Linkuilding.

XML-RPC es un servicio que viene incorporado por defecto en Wordpress y se utiliza por éste y por cualquier otro sistema o CMS para avisar a servicios externos, como pueden ser motores de búsqueda, *feeds* de noticias, *updates services* y análogos, de que se ha publicado o actualizado un nuevo contenido, por ejemplo, una entrada nueva en nuestro blog. Para ello se envía un ping XML-RPC cada vez que se crea y se actualiza una entrada.

Jetpack, un *plugin* bastante conocido, utiliza XML-RPC para comunicarse con los mencionados servicios externos.

5.8.4 Redirecciones

Cuando cambiamos contenido y/o URLs dentro de cualquier sitio web (por ejemplo, si miguelgomezs.com/blog pasa a ser miguelgomezsa.com/mi-blog) se debe usar una redirección para que el buscador (Google) pueda mantener el contenido en los resultados de búsqueda. En caso contrario cuando cualquiera busque miguelgomezsa.com/blog, caso del ejemplo anterior, provocará un error 404. Este tipo de errores pueden llevar a que una web sea penalizada por Google si tiene demasiadas URLs rotas.

Debe asegurarse de que cualquier URL de su sitio nunca caduque, es decir, que cualquier URL que se haya creado en su web perdure el máximo tiempo posible.

La mayoría de buscadores prefieren que se utilice una redirección 301 permanente cuando se mueve contenido. El traslado del contenido debe ser permanente. Si el movimiento es temporal, se puede usar una redirección 302.

Es importante el uso correcto de las redirecciones igualmente para no dar lugar a la aparición de contenido duplicado. Por ejemplo, debemos asegurarnos de que nuestra web redirecciona a la versión que hayamos escogido, por ejemplo con www o sin ella, con HTTPS o con HTTP. Si hemos elegido la versión sin www, cuando pongamos en la barra de direcciones www.miguelgomezsa.com se nos debe redireccionar por medio de un redireccionamiento 301 a nuestra web miguelgomezsa.com. Igual en el caso de que nuestra web use el protocolo seguro HTTPS: si accedemos a nuestra web por medio de HTTP, http://miguelgomezsa.com, se nos debe redireccionar a https://miguelgomezsa.com por medio de un redireccionamiento 301. Todo esto se puede hacer a través de nuestro querido fichero .httaccess.

Redireccionar www a nuestra versión sin www.

```
RewriteEngine on
RewriteCond %{HTTP_HOST} ^www.miguelgomezsa.com [NC]
RewriteRule ^(.*)$ http://miguelgomezsa.com/$1 [R=301,L]
```

Redireccionar versión http a https

```
RewriteEngine on
RewriteCond %{HTTPS} !=on
RewriteRule ^.*$ https://%{SERVER_NAME}%{REQUEST_URI} [L,R=301]
```

Veremos más usos del fichero htaccess en el siguiente capítulo.

5.8.5 Htaccess

En este capítulo hablaremos de la función que tiene el archivo .htaccess, cómo afecta al rendimiento de tu web y cómo puede mejorar el SEO.

El archivo .htaccess es un fichero de texto donde se pueden definir directivas de configuración por cada directorio en servidores Apache, aunque algunos proveedores de *hosting* usen nginx y adapten estos ficheros por medio de traductores.

Debemos saber que además de poder definir nuestras propias directivas, Apache tiene un archivo de configuración principal y dependiendo de nuestras necesidades debemos definir unas directivas en un lugar o en otro.

A continuación vamos a ver las modificaciones que se pueden realizar sobre el archivo .htaccess, haciendo constar que antes de llevarlas a cabo es conveniente realizar una copia de seguridad de éste, ya que si se produce algún error en la modificación probablemente su web dejará de visualizarse correctamente.

Mejorar la seguridad

Autenticación

Debe incluir en el fichero .htaccess las siguientes líneas, teniendo en cuenta que debe crear un fichero .htpasswd e introducir uno o varios usuarios con sus respectivas contraseñas para tener acceso. Puede generar un fichero .htpasswd desde la web.*htaccesstools.com/htpasswd-generator*

```
# para proteger un sólo archivo
AuthType Basic
AuthName "Para visualizarlo debes autenticarte primero"
AuthUserFile .htpasswd
Require valid-user
# para proteger un directorio completo
resides
AuthType basic
AuthName "El directorio está protegido primero debes autenticarte"
AuthUserFile /home/path/.htpasswd
AuthGroupFile /dev/null
Require valid-user
```

Listado de directorios

Si queremos deshabilitar la navegación por los directorios de nuestro sitio debemos introducir esta línea:

```
Options All -Indexes
```

Denegar el acceso por IP

Se puede bloquear el acceso a su web por IP con htaccess. Para evitar el acceso a robots, usuarios, etc., se añade el siguiente código:

```
allow from all
deny from X.X.X.X
#deny from 8.8.8.8
```

Permitir el acceso por IP

Igualmente podemos permitir el acceso solamente a ciertas IPs. Para ello añadimos el siguiente código:

```
ErrorDocument 403 http://www.miguelgomezsa.com
```

```
Order deny,allow
Deny from all
Allow from X.X.X.X
Allow from 8.8.8.8
```

Bloquear todas las peticiones de uno o varios user agent en particular

Por medio del archivo .htaccess es posible bloquear el acceso a los *user agents* indeseados, porque sean dañinos o simplemente para reducir la carga del servidor.

```
#Block bad bots
SetEnvIfNoCase user-Agent ^FrontPage [NC,OR]
SetEnvIfNoCase user-Agent ^Java.* [NC,OR]
SetEnvIfNoCase user-Agent ^Microsoft.URL [NC,OR]
SetEnvIfNoCase user-Agent ^MSFrontPage [NC,OR]
SetEnvIfNoCase user-Agent ^Offline.Explorer [NC,OR]
SetEnvIfNoCase user-Agent ^[Ww]eb[Bb]andit [NC,OR]
SetEnvIfNoCase user-Agent ^Zeus [NC]
Order Allow,Deny
Allow from all
Deny from env=bad_bot
```

Proteger un archivo específico

Podemos denegar el acceso a cualquier archivo que se desee, mostrando una página de error 403 cuando alguien intente acceder al mismo:

```
#Protect the .htaccess File
order allow,deny
deny from all
```

Deshabilitar la ventana de aviso de descarga

A parte de la configuración del navegador para la descarga de archivos, el servidor puede enviar una acción predeterminada para descargar archivos o abrirlos desde el navegador. Obliga a que el fichero se visualice en el navegador con las siguientes líneas:

```
AddType application/octet-stream .pdf
AddType application/octet-stream .zip
AddType application/octet-stream .mov
```

Mejorar el SEO

URLs amigables

Si se desea quitar palabras de una URL, .htaccess le puede ayudar. Por ejemplo, podemos eliminar "blog" de nuestras URL, es decir: http://miguelgomezsa. com/blog/blue -> *http://miguelgomezsa.com/blue*

Agregue este código al final de tu .htaccess:

```
RewriteRule ^blog/(.+)$ http://miguelgomezsa.com/$1[R=301,L]
```

Quitar la extensión del archivo de una URL

Esto se hace para que sea más amigable al usuario y a los buscadores una URL, por ejemplo "http://miguelgomezsa.com/blog.html" -> "*http://miguelgomezsa. com/blog*"

```
RewriteRule ^(([^/]+/)*[^.]+)$ /$1.php [L]
```

Redirecciones con redirect 301 y redirect 302

Si se ha cambiado el enlace a una entrada, y se quiere cambiar la URL a una página, o bien se ha cambiado de dominio, podemos usar los famosos redirect 301 y redirect 302 para que los motores de búsqueda se percaten del cambio.

```
# Con esta línea en la raíz del dominio miguel-old.com estaríamos
redirigiendo permanentemente todo el contenido a miguelgomezsa.com
RewriteEngine On
RewriteRule ^(.*)$ http://miguelgomezsa.com/$1 [R=301,L]
# Para redirecciones permanentes
Redirect 301 /blog-de-miguel http://miguelgomezsa.com/blog
# Para redirecciones temporales
Redirect 302 /blog crear-entrada http://miguelgomezsa.com/blog/
creando-mi-blog
# También funciona con subdominios, por ejemplo con estas líneas en el
subdominio blog.petsos.es
RewriteEngine On
RewriteRule ^(.*)$ http://petsos.es/blog/$1 [R=301,L]
```

Páginas de error personalizadas

Puede definir una página por cada tipo de error 401, 403, 404, 500…

```
ErrorDocument 401 /error/401.php
ErrorDocument 403 /error/403.php
ErrorDocument 404 /error/404.php
ErrorDocument 500 /error/500.php
```

Quitar "www" del dominio

Como ya hemos dicho en varias ocasiones, debemos asegurarnos que nuestro contenido no se muestra duplicado, es decir, no mostrar el mismo contenido en *www.miguelgomezsa.com y miguelgomezsa.com*. Para ello podemos decidir cuál es nuestro dominio principal, y redireccionar el otro a este último.

En el siguiente ejemplo hemos decidido que nuestro dominio principal es el dominio sin "www".

```
RewriteEngine On
RewriteCond %{HTTP_HOST} ^www\.miguelgomezsa\.com$ [NC]
RewriteRule ^(.*)$ http://miguelgomezsa.com/$1 [L,R=301]
```

Mejorar el Rendimiento

Comprimir con Gzip

Si se comprime la salida del servidor con Gzip mejorará considerablemente la velocidad de su sitio web.

```
AddOutputFilterByType DEFLATE text/html text/plain text/xml application xml
application/xhtml+xml
text/javascript text/css application/x-javascript
BrowserMatch ^Mozilla/4 gzip-only-text/html
BrowserMatch ^Mozilla/4.0[678] no-gzip
BrowserMatch bMSIE !no-gzip !gzip-only-text/html
```

Comprimir componentes con mod_deflate

Además de la compresión Gzip, puede usar mod_deflate de apache. Use la siguiente línea en la parte superior de su archivo .htaccess para habilitar la compresión en su servidor:

```
SetOutputFilter DEFLATE
```

Agregar headers de expiración a los archivos

Definir las cabeceras de expiración ayuda a que el navegador conserve ciertos archivos y no los vuelva a pedir al servidor, lo que ayuda a reducir las peticiones a este último y aumenta el rendimiento de la web.

```
Header set Expires "Wed, 21 May 2016 20:00:00 GMT"
```

Forzar el cacheo

La caché puede mejorar el rendimiento de la web, sobre todo para usuarios que vuelven al sitio después de un tiempo. Añadiendo estas líneas podemos cambiar la frecuencia de cacheo, establecida en segundos:

```
FileETag MTime Size
ExpiresActive on
# un día tiene 86400 por tanto se pedirán los archivos cada día
ExpiresDefault "access plus 86400 seconds"
```

Prevenir Hot Linking

El *hot linking* es una técnica usada para cargar archivos alojados en su servidor desde otro dominio. Al hacer esto están haciendo uso de su ancho de banda mermando así el rendimiento de su web, y lo que es peor, si su *hosting* no le ofrece transferencia o tráfico ilimitado puede hasta consumirlo entero, con lo que se quedará sin servicio o tendrá que pagar por cada gigabyte extra transferido.

Si quiere evitar que enlacen su contenido puede hacerlo añadiendo estas líneas a su archivo .htaccess:

```
Options +FollowSymlinks
#Protect against hotlinking
RewriteEngine On
RewriteCond %{HTTP_REFERER} !^$
RewriteCond %{HTTP_REFERER} !^http://(www.)?miguelgomezsa.com/[nc]
RewriteRule .*.(gif|jpg|png)$ http://miguelgomezsa.com/img/miguel-gomez-logo.jpg[nc]
```

Otras funcionalidades de htaccess

Definir página principal por defecto

Puede elegir qué archivo es el primero en mostrarse por defecto, y sustituir de esta forma la prioridad por él más que conocido archivo "index".

```
#Serve Alternate Default Index Page
DirectoryIndex about.html
```

Redirigir los Feeds de WordPress a FeedBurner o al suyo propio

Para terminar unas líneas que le pueden ser muy útiles para redireccionar el *Feed* de su sitio web al de FeeBurner por ejemplo.

```
RewriteEngine on
RewriteCond %{HTTP_USER_AGENT} !FeedBurner   [NC]
RewriteCond %{HTTP_USER_AGENT} !FeedValidator [NC]
RewriteRule^feed/?([_0-9a-z-]+)?/?$http://feeds.feedburner.com/tufeed [R=302,NC,L]
```

5.8.6 Páginas de error

Como ya hemos comentado, nuestra web debe mostrar los menos errores posibles. Por eso, la volatilidad del mundo web (aparecen webs nuevas todos los días, al mismo tiempo que otras desaparecen), nos obliga a llevar un mantenimiento constante de los enlaces salientes de nuestro sitio web, para que éstos no provoquen errores 404.

Si nos atenemos a lo que dice la Wikipedia:

"HTTP Error 404 o not found es un código de estado HTTP que indica que el host ha sido capaz de comunicarse con el servidor, pero no existe el recurso que ha sido pedido. Por ejemplo, si se accede a la URL http://wikipedia.org/xyzjk el servidor de Wikipedia devolverá una página de error y el código de error HTTP 404. Este error no debe ser confundido con "servidor web no encontrado" o errores similares en los que se indica que no se ha podido realizar la conexión con el servidor.

Cuando se establece una comunicación HTTP se pide al servidor que responda a una petición, como un navegador web solicitando un documento HTML (una página web). El servidor responde con un código numérico de error HTTP y un mensaje. En el código 404, el primer "4" indica un error del cliente, como una URL mal escrita.

Junto al código de error 404, el servidor suele enviar un texto en que explica el motivo del error. La especificación HTTP sugiere la frase "Not Found" (No encontrado). Muchos servidores por defecto muestran una página web que incluye el código 404 y la frase "Not Found". Los servidores pueden ser configurados para mostrar cualquier página en caso de que la pedida no exista."

Una página con muchos enlaces salientes que apunten a errores 404 es sinónimo de página descuidada. Y Google puede tener esto en cuenta a la hora de posicionar una web.

Así mismo, nosotros somos los primeros que debemos evitar que se produzcan estos errores dentro de nuestra web. Por ejemplo, hoy creamos una entrada en nuestra blog con la siguiente URL: midominio.com/blog/mi-primera-entrada, a los 6 meses nos damos cuenta de que esa URL no está optimizada para SEO, dado que no contiene palabras clave que nos interesen y decidimos cambiarla. Para ello debemos hacer un redireccionamiento 301 hacia la nueva URL, dejando la URL antigua *online* y evitando los errores 404.

Siempre nos encontramos con páginas de error en toda clase de sitios web. Son errores que ocurren cuando accedemos a una URL que ya no existe o no ha existido nunca.

Por ejemplo, si la dirección de nuestro blog está en: http://miguelgomezsa.com/blog y mañana decidimos que no queremos tenerlo más en la misma, o directamente lo suprimimos, nos encontraremos un error 404 cuando entremos en la primera dirección.

Los errores 404 los envía nuestro servidor cada vez que se le pide un recurso que no existe, ya sea una dirección completa, una imagen, un archivo CSS, un archivo javascript, una fuente, etc.

Imagen donde se aprecia el Status Code de un recurso que no existe: miguelgomezsa.com/asdasdasd

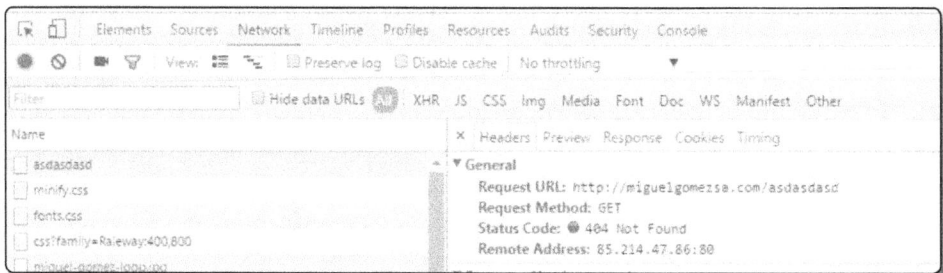

En el caso del error 404, se debe devolver el código de error 404 Not Found. De esta forma los motores de búsqueda pueden interpretar que esa página no existe y no debe ser indexada. O ha dejado de existir y debe ser desindexada.

Debemos ofrecer solución al error y facilitar la navegación del usuario por la web, haciéndole volver al contenido.

Igualmente, estaría bien tener alternativas y posibilidades visibles. Podemos ofrecer, por ejemplo, un cuadro de búsqueda o un enlace a la *home*.

También es recomendable disculparnos por el error y usar un lenguaje cercano y amigable. Y por último, pero no menos importante, una página de error debe pesar poco y ser rápida.

A veces estas páginas son objetivo de robots maliciosos. Robots que se encargan de hacernos muchas, muchísimas peticiones a páginas de nuestro sitio web que no existen. Cuanto más rápido nuestro servidor sirva las peticiones de este tipo, más tiempo aguantará nuestro servidor *online* y más tiempo tardará en "caerse".

Google puede llegar a penalizarnos si nuestro sitio web contiene muchos errores, sean del tipo 404 u otros. Debemos ser ágiles a la hora de localizar los ataques y bloquear la IP de procedencia de éstos, para de esta forma impedir las peticiones de dichas IPs en nuestro servidor y así bloquear los ataques.

Podemos diferenciar dos tipos de ataque a nuestro sitio web: uno con el único objetivo de "tirarnos el servidor", dejar *offline* nuestra web, por ejemplo mediante ataques DDoS (realizando demasiadas peticiones para provocar la saturación de éste y por consiguiente una denegación del servicio al resto de usuarios), y otro para perjudicarnos el SEO de nuestra web creando multitud de enlaces inválidos desde terceras webs hacia la nuestra provocando así multitud de errores 404 en nuestro sitio web.

El segundo tipo de ataque anterior creará muchos errores que normalmente aparecen en Search Console y que pueden llegar a perjudicar nuestra posición en los *rankings*.

CONSEJOS PRÁCTICOS

Compruebe si su web cuenta con enlaces rotos al menos una vez al mes. Asegúrese de tener los menos posibles. Una buena herramienta para comprobar los enlaces rotos de una web es: brokenlinkcheck.com.

Revise el apartado errores dentro de Seach Console al menos una vez a la semana.

Podemos tener páginas de error personalizadas, pero es importante que nuestro servidor devuelva en las cabeceras de la respuesta el código de error adecuado en cada ocasión.

Tener un aspecto personalizado significa que no sea el típico error que devuelve el servidor Apache, fondo blanco, letras negras y en inglés. Debería ser como la imagen siguiente y tener una apariencia semejante al resto de nuestra web, si puede ser con el menú visible. De esta forma evitamos que el usuario abandone la navegación.

Imagen de Error 404 o Página no encontrada personalizada.

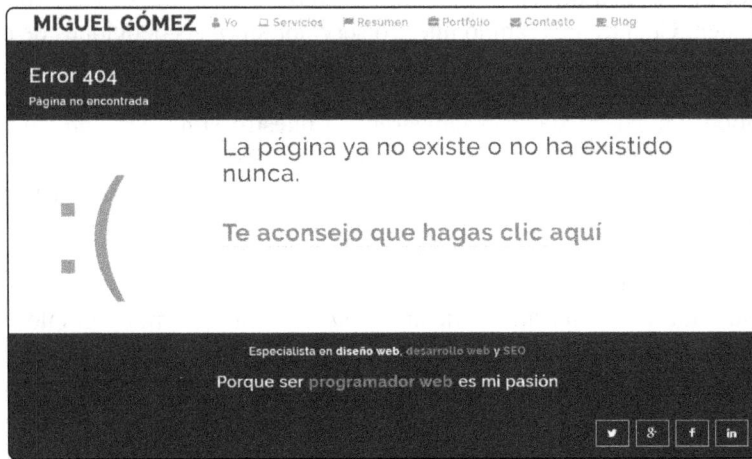

5.8.7 Http y Https

En este caso hablaremos del protocolo de comunicación que usará nuestra web.

HTTP es el acrónimo de *Hypertext Transfer Protocol* (en español "protocolo de transferencia de hipertexto"). Y HTTPS significa lo mismo pero le añadimos la S de "seguro". Son dos protocolos que se usan para lo mismo: la transferencia de datos. Aunque inicialmente se pensó para hyper texto (texto enriquecido con enlaces), también se transmiten imágenes, vídeos y datos de todo tipo.

El protocolo HTTP es inseguro y los sitios web bajo HTTP son más susceptibles a ataques como el *man-in-the-middle* que consiste en situarse en medio de una comunicación sin que ninguno de los extremos sepa que esa información ha podido ser tergiversada. Ataques que pueden comprometer su sitio web y la información de los usuarios de éste. El protocolo HTTPS está pensado para aumentar la seguridad frente a este tipo de ataques.

La seguridad es un tema cada vez más importante. Usamos Internet día a día, compartimos datos cada vez más delicados y eso es algo que los motores de búsqueda tienen en cuenta. Es por ello que Google a la hora de darle importancia a unos sitios web o a otros pueda tener en cuenta también el uso de un protocolo de transporte seguro.

En muchos casos para usar HTTPS en nuestro sitio web, necesitamos solventar algunos problemas previos, por ejemplo tener un *hosting* compatible, comprar un certificado o usar alguno gratuito e implementarlo. En algunos casos, no obstante, es sencillo si usas un servidor VPS o dedicado y cuentas con un panel *Plesk* para administrar el servidor de su web.

Si ahora mismo su sitio web usa el protocolo no seguro (HTTP) y está planteando cambiarlo al seguro (HTTPS), se encontrará con varios inconvenientes que a priori pueden ser bastante problemáticos.

El primero es que todas las URLs de su web cambiarán. Pasará de ser http://miguelgomezsa.com a ser https/miguelgomezsa.com y eso puede interferir incluso en la indexación y en su posicionamiento.

Cuando se realiza el cambio de HTTP a HTTPS hay una serie de tareas a realizar:

Se tiene que dar de alta el sitio web en Search Console como si fuera una propiedad nueva, es decir, un nuevo sitio web, aunque realmente son dos propiedades nuevas, https://miguelgomezsa.com y https://www.miguelgomezsa.com. Y se ha de enviar el *sitemap* con todas las URLS cambiadas a HTTPS, en la opción que escojamos, con www o sin ellas. Veremos cómo elegirla en el capítulo dedicado a Google Search Console.

Se han de cambiar todos los enlaces internos de la web de HTTP a HTTPS. No puedo tener dentro de mi web peticiones a contenido no seguro. Si tengo en mi web llamadas a contenido HTTPS y HTTP, el navegador entenderá que hay contenido mixto y no mostrará el candadito verde al usuario (identificativo de HTTPS), sino un icono amarillo o directamente una página en blanco convencional. A continuación verá dos imágenes aclaratorias.

Imagen de la URL de una web con contenido seguro:

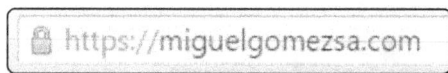

Imagen de una web con contenido mixto.

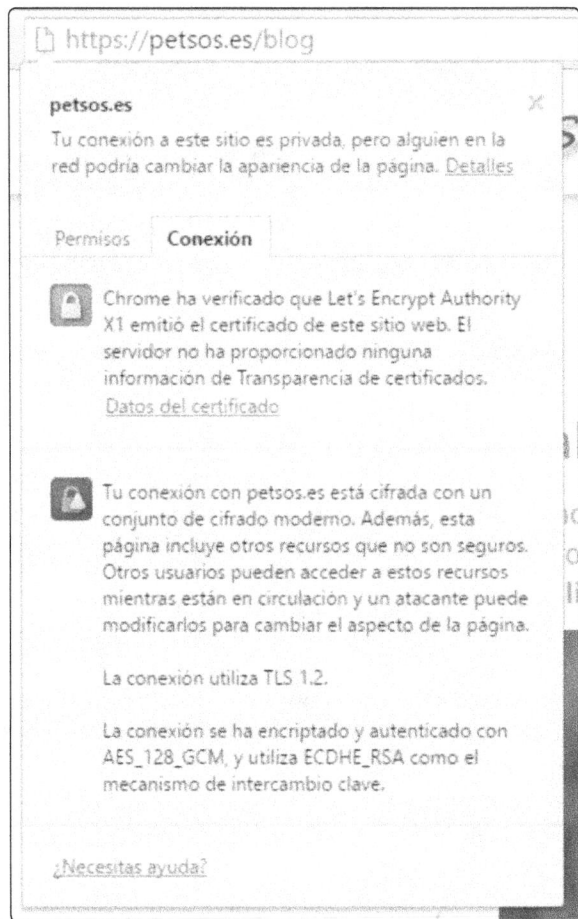

Un inconveniente es que se pierde el contador de las veces que se ha compartido la URL en las redes sociales. En cambio, los *backlinks* no se pierden, puesto que son enlaces que apuntan a un dominio, y el dominio podemos decir que está un nivel por encima del protocolo.

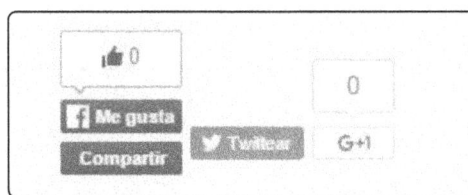

Es importante que tengamos redireccionada toda la parte no segura hacia la segura, es decir que en cualquier momento que alguien venga desde un enlace, por ejemplo http://miguelgomezsa.com/blog, se le redireccione a https://miguelgomezsa.com/blog, y así con todos los enlaces de nuestra web. Se han de utilizar redireccionamientos 301, al igual que para redireccionar de www a la / o viceversa. Se pueden realizar por medio del fichero .htaccess. De esta forma evitaremos que Google crea que hay duplicidad de contenido al encontrarse con que ambas URLs resuelven la misma dirección, es decir, que https://www.miguelgomezsa.com devuelve el mismo contenido que https://miguelgomezsa.com.

Usar en la medida de lo posible URLs relativas. Por ejemplo, en el caso de una imagen una URL absoluta sería *https://miguelgomezsa.com/img/miguel-gomez-logo.jpg,* mientras que una relativa sería img/imagen.jpg. Y una URL relativa en cuanto a protocolo sería //miguelgomezsa.com/img/miguel-gomez-logo.jpg

Google explica que los sitios que usen HTTPS pueden experimentar una mejora en su posicionamiento, aunque también advierte que no es un cambio muy significativo a menos a corto plazo.

También advierte que es posible que el sitio web experimente fluctuaciones temporales en cuanto a la clasificación en el *ranking* de posiciones. Esto ocurrirá mientras Google indexa el contenido nuevo y lo relaciona con el anterior.

Dependiendo del sitio web puede tardar algunas semanas o meses en función de la cantidad de páginas indexadas y la rapidez de nuestro servidor . En cualquier caso, si se envía un *sitemap* con las URLs antiguas y las nuevas puede hacer que el proceso de detección sea más rápido.

5.8.8 Tiempo de carga - PLT

PLT (*Page Load Time*), es el tiempo de carga de una página.

Es un aspecto muy importante que tiene impacto directo en la satisfacción del usuario cuando visita un sitio web. Además de influir en la usabilidad de cualquier sitio y mejorar la experiencia de usuario, es un factor que Google tiene muy en cuenta a la hora de posicionar cualquier web.

Si una web es lenta, es decir, tiene tiempos de carga altos de media, puede hacer que el visitante abandone el sitio antes de tiempo y navegue por cualquier otro resultado de búsqueda.

Nuestros visitantes quieren una buena experiencia de uso, para lo que es imprescindible la velocidad, sin dejar de lado la usabilidad y el diseño. Un buen equilibrio entre esos elementos afectarán positivamente a nuestro posicionamiento en buscadores.

Como buena práctica podemos despejar la *home* o página principal de nuestro dominio, haciéndola lo más ágil y rápida posible, y ofreciendo al usuario en la misma la posibilidad de navegar por cualquier otra página con enlaces o *banners* situados a simple vista.

Google pone a nuestra disposición herramientas para medir el tiempo de carga y saber si nuestra web está suficientemente bien optimizada. El famoso Google Page Speed Insight contiene numerosos consejos útiles que cualquier programador web con un mínimo de conocimientos puede poner en práctica. También existen otras herramientas muy famosas y útiles como Pingdom, GTmetrix, WebPageText y LoadImpact. Ésta última es un test de carga, para comprobar si una web aumenta los tiempos de carga a medida que hay más usuarios navegando en ella.

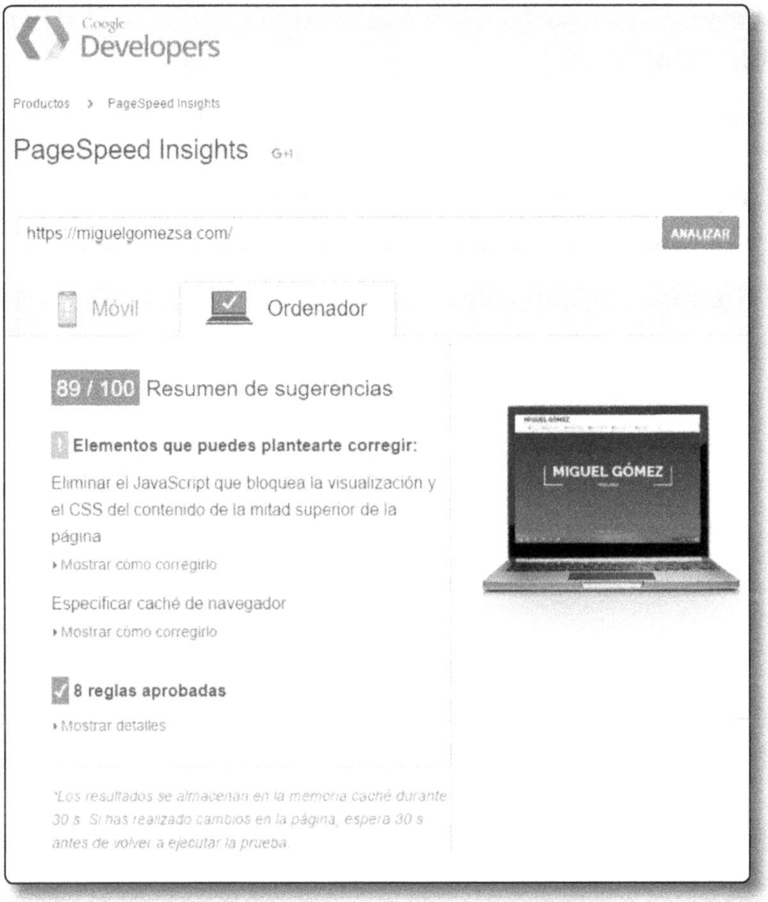
Google
Developers
Productos › PageSpeed Insights
PageSpeed Insights
https://miguelgomezsa.com/
ANALIZAR
Móvil
Ordenador
89 / 100 Resumen de sugerencias
Elementos que puedes plantearte corregir:
Eliminar el JavaScript que bloquea la visualización y el CSS del contenido de la mitad superior de la página
Mostrar cómo corregirlo
Especificar caché de navegador
Mostrar cómo corregirlo
8 reglas aprobadas
Mostrar detalles
*Los resultados se almacenan en la memoria caché durante 30 s. Si has realizado cambios en la página, espera 30 s antes de volver a ejecutar la prueba.
MIGUEL GÓMEZ

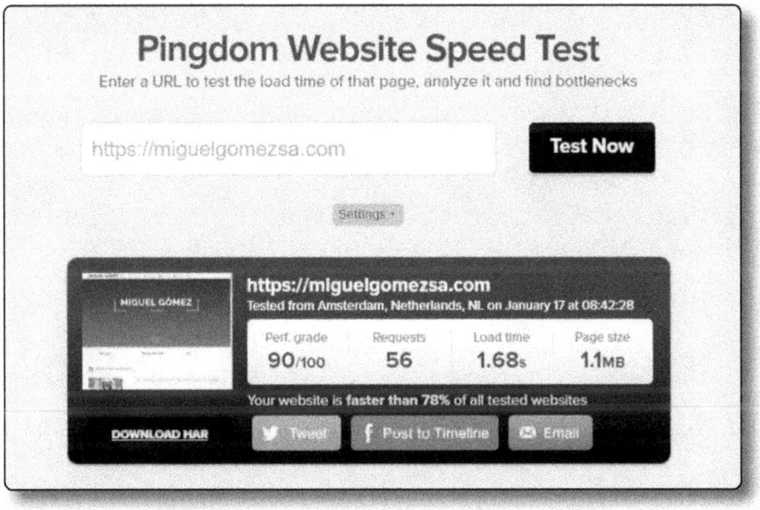
Pingdom Website Speed Test
Enter a URL to test the load time of that page, analyze it and find bottlenecks
https://miguelgomezsa.com
Test Now
Settings
https://miguelgomezsa.com
Tested from Amsterdam, Netherlands, NL on January 17 at 08:42:28
Perf. grade 90/100
Requests 56
Load time 1.68s
Page size 1.1MB
Your website is faster than 78% of all tested websites
DOWNLOAD HAR
Tweet
Post to Timeline
Email

CONSEJO PRÁCTICO

Analice varias páginas de su sitio web con las siguientes herramientas y asegúrese de que se carga rápidamente:

▼ Google Page Speed Insight: developers.google.com/speed/pagespeed/insights.

▼ GTmetrix: gtmetrix.com.

▼ Pingdom: tools.pingdom.com/fpt.

EL SEO DÍA A DÍA

6.1 VISITAS

Las visitas son un factor muy importante en nuestra web. El número de visitas muchas veces nos dirá si estamos usando las estrategias correctas.

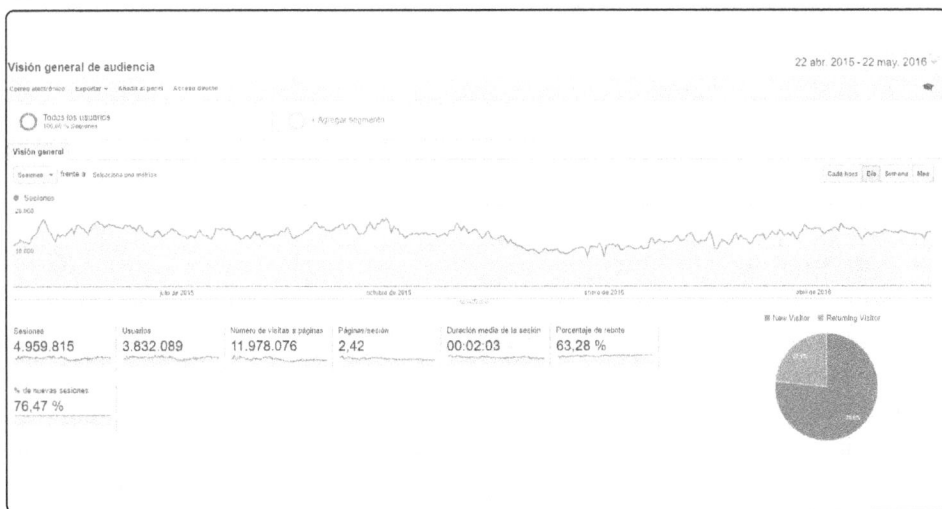

Es importante que nuestra web reciba un número constante de visitas. A más visitas más compras, más beneficio. O en el caso de que nuestro modelo de negocio esté basado en la publicidad, a + más visitas + más impresiones y por tanto + más clics, y valga la redundancia, + más beneficio.

Tendremos que ofrecer contenido de calidad o buscar fuentes de tráfico para provocar que los usuarios de Internet encuentren nuestro sitio y naveguen por él.

Las fuentes de tráfico pueden ser variadas, desde redes sociales hasta foros y otros blogs. En mi caso, por ejemplo, funcionan muy bien las publicaciones que hago a través de Twitter. Utilizo también los grupos de Google + y LinkedIn y en menor medida los de Facebook.

Usar *email marketing* igualmente es importante para que nuestros visitantes conozcan nuestro nuevo contenido cada vez que lo publiquemos.

CONSEJO PRÁCTICO

Intente ofrecer siempre algo nuevo al usuario para que siempre tenga motivos por los que volver. Por ejemplo, noticias de nuestro blog relacionadas con la promoción de la semana o productos ofertados ("La súper oferta del verano, gafas de sol a mitad de precio y además te contamos los secretos para disfrutar del sol sin llegar a quemarte...").

6.2 COMENTARIOS Y FEEDBACK

Los comentarios y el *feedback* son muy importantes para cualquier sitio web o proyecto. Intente que sea un proyecto para todos, en el que todo el mundo pueda colaborar para mejorarlo. Es conveniente tener, por tanto, siempre que sea posible, una sección de testimonios y recogida de opiniones, ya que es importante saber qué opina la gente de uno mismo, de nuestros servicios o de nuestros productos.

Opiniones de "SEO luego Existo" en amazon.es

Podemos incentivar los comentarios y opiniones con regalos o estrategias adicionales: Ejemplo: después de realizar una compra en pccomponentes.com.

Es importante contar en nuestra web con un formulario de suscripción a nuestro boletín de noticias y ofertas, así como un formulario por el cual el usuario pueda enviar valoraciones y comentarios acerca de nuestra web, siempre con la intención de mejorarla. Esta información nos puede ser muy útil de cara a solucionar problemas de usabilidad (sobre todo en versiones móviles) o adaptar un nuevo diseño en el futuro.

CONSEJO PRÁCTICO

Premie a los usuarios que aporten opiniones positivas sobre su web y productos. Sobre todo a los que refieran a otros usuarios.

6.3 REDES SOCIALES

Si somos importantes en las redes sociales seremos importantes en los resultados de búsqueda. No debemos olvidar esta premisa. A día de hoy las redes sociales mueven el mundo. Los acontecimientos importantes que muchas veces serán virales pueden pasar de estar en Internet (redes sociales, blogs, foros…), a estar en los periódicos y posteriormente en televisión. Y viceversa, de estar en televisión, a estar en los periódicos y a continuación en Internet.

Conducir a nuestros seguidores a compartir contenido de nuestra web hace que los buscadores califiquen positivamente la misma y suba en el *ranking* con respecto a otras webs.

En las redes sociales cada día aumenta el contenido y las corrientes de opinión respecto a productos, empresas, temas, etc. Hay que conocerlas y estar presente en ellas.

Es importante monitorizar lo que se dice en los blogs, foros o en perfiles influyentes de la red. Generar contenido útil en las mismas y lograr enlaces es una de las tareas más importantes. De esta necesidad nació un empleo muy demandado actualmente e imprescindible en la empresa 2.0: el perfil de *community manager*, que se encarga de publicar contenido, difundir noticias, ofertas, promociones, atraer a potenciales clientes, vigilar todas y cada una de las redes sociales, responder a las posibles dudas de nuestros clientes y moderar los comentarios, entre otras tareas.

Las redes sociales son una fuente de opinión donde cualquier persona puede buscar referencias, se pueden establecer diálogos con las empresas, interactuar con otras personas y constituyen una gran oportunidad para indagar en temas de actualidad, así como de comprobar la calidad de una empresa ajena o de nuestra propia empresa.

Tenemos que tener cuenta el máximo número de redes sociales. Podemos centrar nuestros esfuerzos en las más importantes: Facebook, Twitter, YouTube, LinkedIn y Google +. Como redes sociales secundarias dejaría Instagram y Pinterest.

Debemos también tener muy en cuenta el uso de aplicaciones de mensajería instantánea, como por ejemplo Whatsapp. Se pueden utilizar en nuestra estrategia de *marketing* enviando ofertas periódicas y manteniendo el contacto con el cliente.

Los propios usuarios de las redes sociales nos ayudarán a reciclar nuestro contenido antiguo. Compartir, darle a me gusta, +1, *retweets* y comentar nuestro contenido nos ayudará a que éste tome relevancia. Los motores de búsqueda tienen cada vez más en cuenta el contenido que es relevante en las redes sociales, llegando a contabilizar el número de me gustas, RTs, y +1.

También tenemos la posibilidad de promocionar el contenido invirtiendo en publicidad que las propias redes sociales nos facilitan. Esto es una ayuda si nuestros clientes objetivos se encuentran dentro. Por ejemplo la mayoría de usuarios que usan Facebook son mujeres menores de 35 años, por lo tanto si tenemos un producto que va destinado a mujeres podemos obtener mejores resultados invirtiendo de publicidad de Facebook que en Twitter.

También debemos saber que algunas redes sociales ofrecen publicidad de pago que muchas veces nos será muy útil para promocionar nuestros productos. Sobre todo en fechas señaladas como el día de la Madre, día del Padre, *cyber monday*, Navidades, San Valentín…

Yo diría que es casi obligatorio el uso de las redes sociales para crear concursos, sorteos y promocionarlos. La buena difusión del contenido puede ser sinónimo de éxito.

CONSEJO PRÁCTICO

Tenga en su web siempre visibles enlaces a sus redes sociales, potencie a los visitantes a compartir y reciclar su contenido. Fomente la participación con sorteos y promociones exclusivas para usuarios de las mismas.

6.4 SEO Y SEM

El SEO es el posicionamiento natural de nuestra página, Google nos dará una posición en sus resultados de búsqueda dependiendo de muchos factores. En cambio el SEM, del inglés *Search Engine Marketing*, está totalmente dentro de la publicidad, es el *marketing* de los motores de búsqueda. En él tendremos una posición u otra dependiendo de lo que paguemos y de la competencia que tengamos en nuestro sector.

A modo de recordatorio:

SEO (*Search Engine Optimization*): La forma de acceder a ciertas páginas web, según la clasificación de las mismas en tanto a "determinadas palabras clave" y ciertos aspectos técnicos.

SEM (*Search Engine Marketing*): Otra forma de acceder a nuestra web invirtiendo una cantidad de dinero, dependiendo de la palabra o las palabras clave escogidas. El precio variará según la competencia en las mismas.

Como podemos ver en la siguiente imagen, tenemos los resultados naturales u orgánicos debajo de la publicidad. La publicidad en Google se muestra en la zona superior de los resultados de búsqueda. Antes se podía ver también en el lateral derecho, pero se ha suprimido y ahora aparecen resultados enriquecidos, como Google Business, que muestra información sobre negocios de la zona desde la que se realiza la búsqueda si los hubiera. Y Google Shopping, un nuevo tipo de publicidad, orientada únicamente a la venta de productos, donde cada uno de ellos debe tener un único código de barras.

Captura de Abril de 2016 de una búsqueda en Google sobre portátiles

Captura de pantalla de Google Shopping sobre portátiles

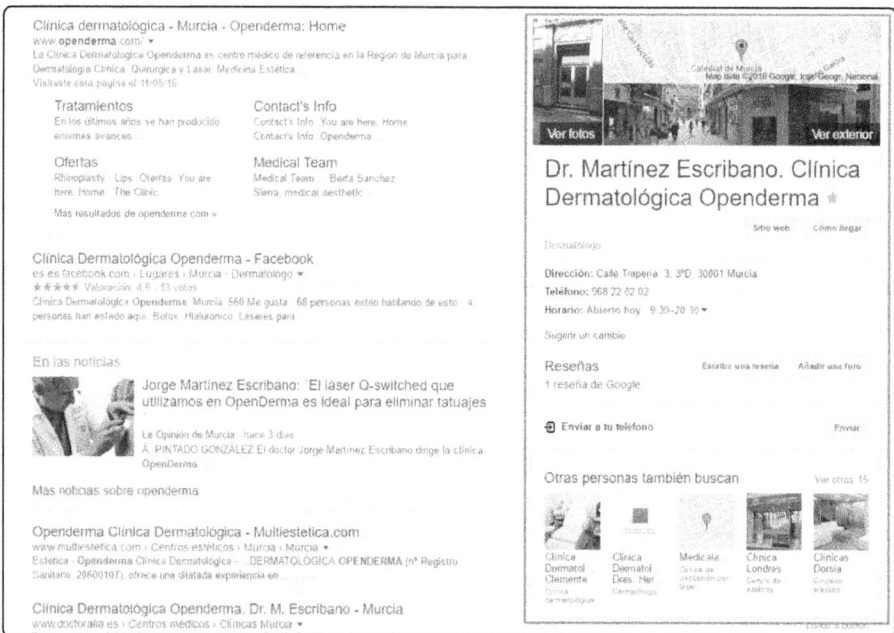

Captura de pantalla de Google Business (resaltado con un recuadro)

Invertir en publicidad es una buena forma de dar a conocer nuestra web, sobre todo si ésta cuenta con poco tiempo *online* y queremos obtener resultados desde el principio. Si nuestra web está dedicada a la venta de productos, una parte del presupuesto podría ir dirigido a la publicidad, siempre y cuando probemos que nos reporta beneficios. Para ello debemos empezar poco a poco, y sacar una relación de la cantidad de dinero invertida en publicidad y el rendimiento neto de beneficio que nos reporta. De esta forma podremos optimizar el gasto en publicidad y saber si nos interesa o no, algo que también dependerá de nuestro nicho, nuestra competencia y nuestra estrategia de *marketing*.

Desde hace algún tiempo, además de Google Adwords podemos tener publicidad de nuestros productos en Google Shopping (que aparece a la derecha de los resultados de búsqueda), en aplicaciones móviles, en vídeos de YouTube, e incluso en el correo propio de Google, Gmail.

6.5 LINKBUILDING EXTERNO

El *linkbuilding* siempre es algo muy interesante. Como ya hemos dicho, los enlaces hacia nuestra web favorecen el posicionamiento, aunque se desconoce con exactitud en qué medida afecta. Incluso algunos *backlinks* pueden ser perjudiciales para nuestro SEO. Por eso, si vamos a hacer *linkbuilding* debemos elegir muy bien desde dónde lo hacemos y qué estrategia seguimos.

La cantidad de enlaces que enlazan con nuestro sitio web a través de un vínculo que puede ser en texto o imagen es un gran indicativo de relevancia de una web. Existe una relación entre el *ranking* de una web (la posición que ocupa entre los resultados de búsqueda de Google) y los *backlinks*.

Por supuesto, la calidad de los enlaces es la clave. En este caso prima la calidad sobre la cantidad. Si nuestro sitio es enlazado desde otro que tenga una alta autoridad *online*, los motores de búsqueda tendrán muy en cuenta nuestro sitio, no cabe duda. Para que sean las páginas que tienen ya cierta autoridad en internet las que recomienden otras webs y por tanto su contenido.

Por supuesto, los sitios que recomiendan otros sitios tienen que tener cierta relación con los mismos, es decir, si un sitio de venta *online* de electrónica le vendría muy bien un enlace desde un sitio consolidado de noticias tecnológicas. Y en el mundo bloguero, a un bloguero pequeño le vendría muy bien un enlace de un blog consolidado que además hable del mismo tema, es decir, el contenido tenga cierta relación.

Publicar contenido en webs relevantes externas a la nuestra nos ayuda a generar enlaces con calidad hacia nuestro sitio. Es también una buena forma de llegar a la gente y hacer que conozcan nuestra página web, que contraten nuestros servicios, compren nuestros productos y vean todo lo que ofrecemos. Difundir nuestro mensaje a través de otras webs nos ayuda a generar una imagen y una marca relevante.

En cualquier caso, es posible que en el futuro Google tome los *backlinks* menos en cuenta como factor clave para "rankear" una web. Hasta puede que llegue a desaparecer como factor influyente para mejorar el SEO. Esto es debido a que la gente se aprovecha y crea enlaces artificiales de forma masiva con demasiada asiduidad, pero a día de hoy sigue siendo un factor muy importante y determinante.

Podemos valernos de los siguientes sitios para crear *backlinks,* dependiendo de nuestro sector podremos utilizar unos u otros:

- Wordpress.com
- Blogger.com
- Weebly
- Blogsome
- Quizilla
- Wetpaint
- lablogoteca.20minutos.es
- Wikis
- Otros blogs
- Directorios
- Foros
- …

Y que te permitan crear enlaces como por ejemplo:

- blogdiario.com
- piccsy.com
- www.justluxe.com/community
- profile.flaticon.com/register
- blogs.elle.es/login/?action=register
- weheartit.com
- www.spreadshout.com
- www.notey.com
- exposure.co
- www.foodspotting.com/find/in/The-World
- …

Además podemos valernos de todas las redes sociales.

EJEMPLO PRÁCTICO

Tenemos una web con dominio: misvuelos.com y lo que queremos es potenciar nuestro sitio en cuanto a las palabras clave "vuelos baratos a España". Pues bien, debemos conseguir buenos enlaces del tipo:

<a href="http://misvuelos.com" title="vuelos baratos a España">vuelos baratos a España</a>.

6.5.1 Link Wheel

Tomamos por *link wheels* o "rueda de enlaces" una serie de artículos enlazados entre sí desde diferentes sitios web y que al mismo tiempo enlazan a nuestra web principal. Imaginemos un círculo y situemos nuestra web en el centro.

De esa manera se obtiene una mejora considerable del *page rank* de todos los sitios web utilizados dentro de nuestra rueda, lo que a su vez ayudan a mejorar el posicionamiento de nuestra web principal.

Ejemplo de *link whell,* donde contamos con varias webs, cuatro en total, la principal y tres secundarias; y cuatro blogs (dos en Wordpress.com y dos en blogger.com), todos ellos enlazados entre sí y al mismo tiempo enlazando a nuestra web principal:

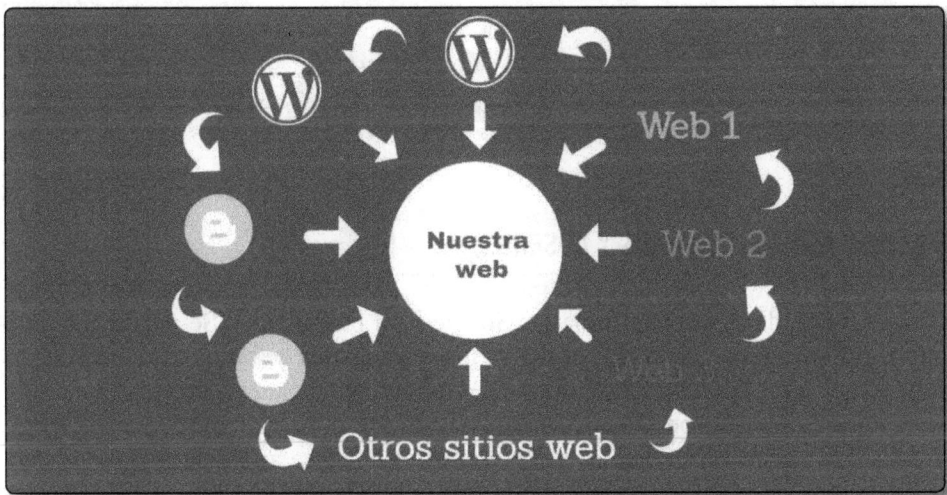

6.5.2 Link Bait

Podemos decir que el *link bait* o *link baiting* es la técnica que consiste en crear el máximo número de enlaces desde webs externas en el menor tiempo posible.

Lo que se suele hacer es crear contenido de cierta calidad con el fin de que se haga viral y pronto se enlacen desde diferentes sitios webs, provocando de forma artificial que los usuarios interactúen con él, lo compartan e incluso lo enlacen desde su sitio.

Este tipo de contenido puede ser una imagen, un vídeo, una infografía, una idea, una cita, un artículo o noticia. Debe contener un enlace hacia la web que queramos potenciar.

Este sería un esquema válido para *link bait* en redes sociales:

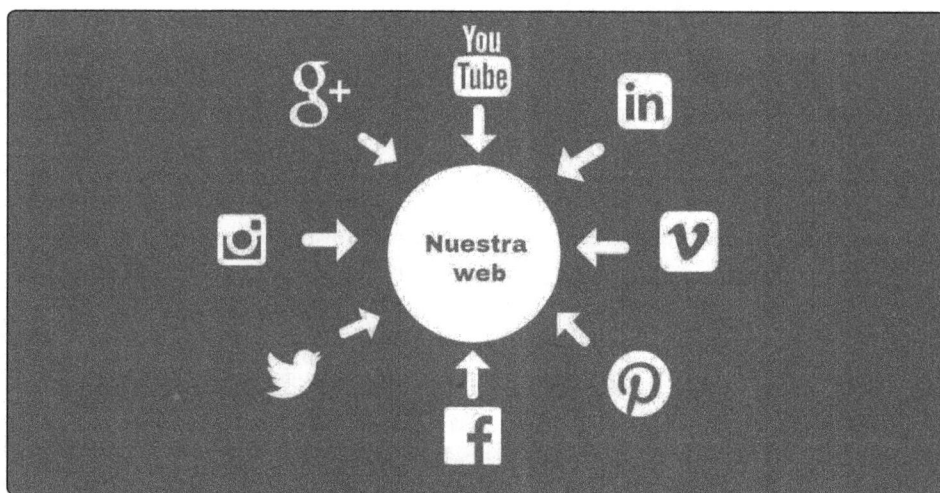

6.6 PUBLICIDAD (ADWORDS Y ADSENSE)

Adwords es la plataforma de Google para publicitarse. Se puede comprar publicidad a Google para aparecer tanto en sus resultados de búsqueda como en las páginas que usan Adsense, la plataforma de Google para incluir publicidad en nuestra web. Por ejemplo, hay personas, como yo mismo anteriormente, que teníamos blogs con los que ganábamos dinero a través de Adsense. Hace algún tiempo yo mismo tenía un blog que quería monetizar y lo hice con Adsense, con lo que aprendí que dependiendo del blog y las visitas tener Adsense es rentable o no. Adsense le permite a cualquiera incorporar publicidad en su web, si ésta cumple con ciertos requisitos que marca Google. Entonces los usuarios verán la publicidad en su web y Google le pagará al dueño del sitio en tanto los usuarios hayan hecho clic en los anuncios. Para que a cualquiera le sea rentable Google Adsense, la mayoría de usuarios que visiten su web deberían hacer clic en el anuncio.

Requisitos

Requisitos para participar en AdSense

< | SIGUIENTE: SER PROPIETARIO DEL SITIO QUE DESEA UTILIZAR PARA PARTICIPAR EN ADSENSE >

Aunque no podemos afirmar que su sitio reúna los requisitos necesarios sin revisar su solicitud, hay una serie de comprobaciones que se pueden realizar antes de enviar la solicitud para saber si un sitio web es adecuado para AdSense.

- ¿Tiene un sitio web?
  Para participar necesitará uno. Consulte los consejos para crear contenido excepcional y atraiga a usuarios y anunciantes a su sitio web.

- ¿Tiene como mínimo 18 años de edad?
  Tal como se indica en los Términos y condiciones, solo aceptamos solicitudes de mayores de 18 años.

- ¿Cumple su sitio web con nuestras políticas del programa?
  Compruebe que su sitio web cumple con nuestras políticas antes de enviar la solicitud. Recuerde que pueden modificarse en cualquier momento y que, de acuerdo con nuestros Términos y condiciones, es responsabilidad del usuario estar al día de los cambios.

- ¿Su sitio web ha estado activo durante al menos seis meses?
  En algunos países, entre los que se incluyen China e India, es necesario que su sitio web haya estado activo durante al menos seis meses antes de que se tenga en cuenta. Hemos adoptado esta medida para garantizar la calidad de nuestra red publicitaria y proteger los intereses de nuestros anunciantes y editores.

Cuando esté listo, envíe una solicitud. La revisaremos y recibirá una respuesta por correo electrónico en el plazo de una semana.

SIGN UP FOR ADSENSE

En ocasiones, usando servicios de Google éste mejorará el posicionamiento de la web en cuestión. Es por ejemplo el curioso caso de la web de venta de componentes informáticos pccomponentes.com, en la que podemos ver publicidad de Google Adsense. Podría ser un razonamiento lógico pensar que Google favorece a webs que le hagan ganar dinero frente a otras que no lo hacen.

Lo que sí es cierto es que el tráfico es un punto a favor en cuanto a SEO. Por eso cualquier visita siempre es bien recibida, aunque venga de publicidad.

También existe la posibilidad de tener publicidad en vídeos de YouTube y en Gmail. De esta forma abrimos un abanico de posibilidades y ampliamos el radio de acción de nuestras estrategias de *marketing*.

6.7 EMAIL MARKETING

Lo más usual que podemos encontrar en cualquier web de Internet es un cajetín o formulario de suscripción. Podemos suscribirnos a los artículos semanales de un blog, a ofertas de cualquier tienda, a las últimas noticias de interés…

Descárgate gratis este ebook

Herramientas web
para tu web

Suscríbete

Descárgate gratis el ebook sobre herramientas web y entérate el primero de interesantes novedades, suscríbete:

email

nombre

Me apunto!

Ejemplo de formulario de suscripción

Es algo bastante importante a día de hoy. Pongámonos en la siguiente situación: mañana publicamos contenido nuevo en nuestro blog. ¿Cómo nos podemos asegurar de que nuestro lector habitual va a leerlo? Pues fácilmente, debemos enviarle un enlace de la entrada a su *email*. De esta forma nos aseguramos de que nuestros lectores, o al menos los más asiduos, los que de verdad tienen interés en nuestro contenido lo consuman. Nos visiten y sean usuarios recurrentes de nuestra web.

Pero para ello previamente han de haberse suscrito a nuestra lista de correo. Hay muchas técnicas para conseguirlo. Por ejemplo, la mayoría de blogueros y *marketers* que se dedican, o quieren dedicarse, a vivir de su blog regalan algo a cambio de que te suscribas, un ebook normalmente.

También hay usuarios que directamente les interesa nuestro contenido y quieren estar al día, pero son los menos.

Si su web es una tienda *online*, puede ofrecerle un 5 % de descuento al suscribirse o ser suscriptor. Así como ofertas exclusivas. Actualmente las herramientas más utilizadas para realizar *email marketing* son Mailchimp y Mailrelay. Mailchimp por ejemplo es gratuita hasta una cierta cantidad de suscriptores. Y cuenta con *auto responders*, muy útil para poner en marcha campañas automáticas de publicidad, por ejemplo para nuevos suscriptores. A parte cuentan con sistemas para bajas de suscriptores automáticos: únicamente el usuario debe hacer clic en darse de baja y elegir un motivo por el cual nos damos de baja. Esto nos ahorra mucho trabajo con respecto a los sistemas clásicos de *email marketing*.

CONSEJO PRÁCTICO

Le aconsejo encarecidamente que se suscriba a los *mailing* de su competencia. De ellos estoy seguro que sacará ideas que le podrán ayudar.

7

COSAS A EVITAR EN SEO

En este capítulo veremos los errores más frecuentes que se comenten en el SEO y algunas malas prácticas que debemos evitar para hacer que nuestro posicionamiento sea de los mejores.

7.1 CONTENIDO DUPLICADO

Posicionar contenido no siempre es fácil y más cuando tienes que competir con personas que copian nuestro contenido para intentar ganar posiciones en Google. Vamos a ver por tanto herramientas clave para que pueda poner remedio.

Si un motor de búsqueda encuentra contenido duplicado en Internet, hará un estudio sobre qué web es más fiable y en cuál de ellas fue publicado antes este contenido, penalizando a la web contraria y relegando las posiciones de la misma. Incluso es posible que reciba una penalización dicha web por incluir de forma masiva contenido duplicado si lo hace. Con que una web copie el 30 % de nuestro contenido, ambas webs ya puede dar positivo en contenido duplicado según Google, procediéndose a discernir la "culpabilidad". Es por ello que debemos ser recelosos con el contenido y evitar la copia del mismo. Una manera de hacerlo es usando la etiqueta canonical, la cual informa al motor de búsqueda de que ese contenido pertenece a esa URL.

Nuestro contenido debe ser original y de calidad. Ésta es una de las premisas para que nuestra web tenga un buen posicionamiento SEO. Ello significa que debe tener contenido único, texto redactado por nosotros o por alguien que trabaje para nosotros, e igualmente respecto a las imágenes, que deben ser nuestras, creadas por nosotros. Caso de ser adquiridas, deberían ser retocadas o modificadas aunque fuera levemente para diferenciarse.

Cómo evitar duplicados y copia de contenido

Lo primero es averiguar si nos han copiado y quién ha sido. Para ello usaremos las siguientes herramientas:

▼ *copyscape.com,* la primera herramienta web que podemos utilizar.

▼ *siteliner.com,* otra herramienta hermana de la anterior que además ofrece información sobre enlaces rotos, entre otras funcionalidades.

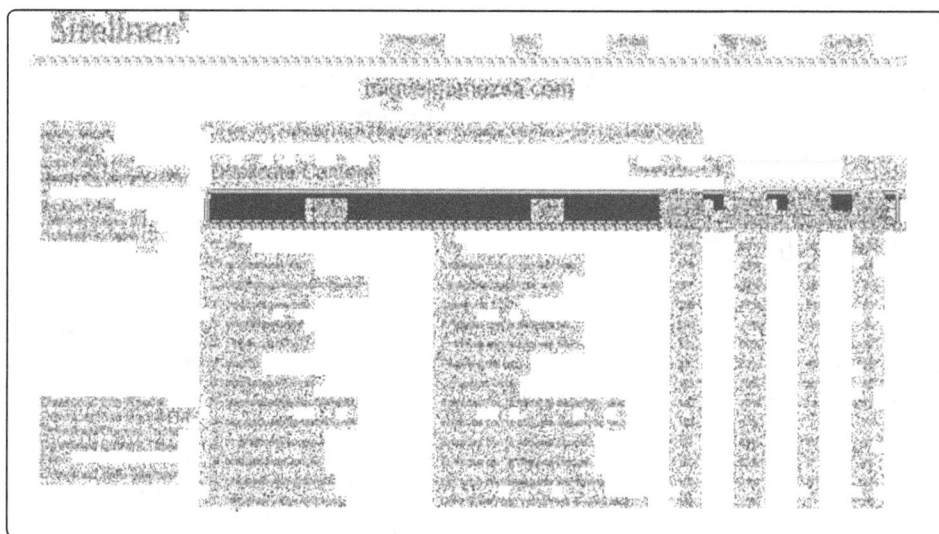

Me han copiado. ¿Y ahora qué?

Si nos han copiado el contenido, no nos han enlazado, ni siquiera han nombrado la fuente original y podemos comprobar que nos perjudica y posiciona mejor que el nuestro, debemos denunciarlo a Google. Para ello podemos utilizar por ejemplo la herramienta *support.google.com/legal/troubleshooter*.

No está de más tampoco, por ejemplo, especificar en el contenido que creemos el tipo de licencia de uso que tiene, para lo cual podemos estudiar las diferentes posibilidades en esta web: *es.creativecommons.org/blog/licencias*

Tipos de licencias Creative Commons

(cc) (i) BY	**Reconocimiento (by):** Se permite cualquier explotación de la obra, incluyendo una finalidad comercial, así como la creación de obras derivadas, la distribución de las cuales también está permitida sin ninguna restricción.
(cc) (i) (s) BY NC	**Reconocimiento – NoComercial (by-nc):** Se permite la generación de obras derivadas siempre que no se haga un uso comercial. Tampoco se puede utilizar la obra original con finalidades comerciales.
(cc) (i) (s) (o) BY NC SA	**Reconocimiento – NoComercial – CompartirIgual (by-nc-sa):** No se permite un uso comercial de la obra original ni de las posibles obras derivadas, la distribución de las cuales se debe hacer con una licencia igual a la que regula la obra original.
(cc) (i) (s) (=) BY NC ND	**Reconocimiento – NoComercial – SinObraDerivada (by-nc-nd):** No se permite un uso comercial de la obra original ni la generación de obras derivadas.
(cc) (i) (o) BY SA	**Reconocimiento – CompartirIgual (by-sa):** Se permite el uso comercial de la obra y de las posibles obras derivadas, la distribución de las cuales se debe hacer con una licencia igual a la que regula la obra original.
(cc) (i) (=) BY ND	**Reconocimiento – SinObraDerivada (by-nd):** Se permite el uso comercial de la obra pero no la generación de obras derivadas.

Normalmente, si nos copian podemos ponernos en contacto con el encargado o responsable de contenidos digitales de la empresa o web que nos haya copiado, a través del formulario de contacto, *email* o teléfono que exista a disposición de los usuarios. Debemos exponer que el contenido es nuestro y exigir que sea eliminado inmediatamente. Otra opción es abrir la posibilidad de una colaboración, de forma que recibamos alguna contraprestación a cambio del uso de nuestro contenido. Lo que sí es recomendable es que antes de denunciar contenido por infringir derechos de autor intente hablarlo con el propietario del sitio.

Google colabora con el proyecto lumendatabase.org, que estudia todo tipo de contenido que pueda infringir las leyes aplicables.

CONSEJO PRÁCTICO

Utilice cualquiera de las dos herramientas citadas anteriormente para comprobar si en su web existe contenido duplicado.

7.2 COMPRA DE ENLACES

Como ya hemos dicho anteriormente, aunque la importancia de los enlaces ha ido decreciendo con el tiempo, la creación de los mismos en forma natural sigue siendo un indicativo del buen SEO de una web. Y como es sabido, los enlaces también pueden ser comprados.

Compra de enlaces en es.fiverr.com

En la mayoría de los casos, comprando enlaces de calidad se puede mejorar bastante el SEO. Aunque hay que llevar mucho cuidado con ciertas webs que se dedican a venderlos. Igualmente hay que evitar las granjas de enlaces (sitios webs dedicados únicamente a crear enlaces a otras webs). Si no logra que los enlaces hacia su web sean de calidad, no obtendrá una mejora significativa del SEO.

Si su sitio cuenta con muchos enlaces procedentes de granjas de enlaces, o de las llamadas PBN (Private Blog Networks), podría resultar penalizado.

Se debe manipular con mucho cuidado la creación de enlaces entrantes si se hace con el fin de inflar artificialmente el número de enlaces apuntando a un sitio web. Si no se hace con cuidado, puede llevar incluso a que su sitio sea "baneado" y pase a formar parte de alguna lista negra, dificultando así su indexación en futuras ocasiones.

Los buscadores cuentan con algoritmos que clasifican los sitios en un *ranking*, teniendo en cuenta factores como el número de enlaces al sitio y la procedencia de los mismos.

CONSEJO PRÁCTICO

Si se decide a comprar enlaces, intente invertir algo de dinero y asegúrese que compra enlaces de cierta calidad. Recordemos que en *linkbuilding* es más importante calidad que cantidad.

7.3 BLACK MARKETING EN REDES SOCIALES

En algunas redes sociales existen mecanismos que pueden usarse para crear artificialmente enlaces y con los que hay que llevar cuidado. Es el caso, por ejemplo, de algunos grupos en Facebook, en los que en ocasiones intervienen robots que se dedican a clicar en los enlaces que se publican en ciertos grupos elegidos previamente.

En el caso de Twitter, por ejemplo, existen personas que se dedican a seguir a otras con la única finalidad de que éstas le sigan y de esta manera aumentar artificialmente su popularidad e influencia.

Aunque los enlaces creados de forma artificial desde las redes sociales son técnicas fraudulentas, no son sin embargo fáciles de detectar por los motores de búsqueda.

7.4 OFUSCACIÓN DE CONTENIDO - CAMUFLAJE

Ofuscar el contenido de un sitio es la práctica que consiste en mostrar contenido de la página web a un rastreador, como Googlebot o Bingbot. Y no a los visitantes normales.

Se puede llegar a tener distinto contenido en una misma página dependiendo de dónde proceda la visita (usuario o *bot*).

Ésta es una táctica *spam* y perjudicial para el *ranking* de nuestra web y como castigo, los motores de búsqueda pueden introducir nuestro sitio en una lista negra y por tanto tener problemas en el futuro para volver a indexarlo. Es por ello una técnica considerada como *Black Hat*.

Al crear contenido, debemos asegurarnos de crearlo para usuarios reales, evitando el *keyword stuffing*, la sobresaturación de palabras clave. No debemos hacerlo solo para atraer a los motores de búsqueda. En definitiva no se debe crear contenido enfocado únicamente a posicionar.

7.5 DISEÑO POCO PRÁCTICO

Muchas veces un diseño bueno puede dar como resultado que una web sea atractiva y tenga éxito. Por contra, un diseño malo plagado de errores puede dar al traste con nuestra web, provocando una tasa de rebote muy alta por el abandono de la misma.

Elementos negativos en el diseño son las imágenes, que pueden no estar optimizadas y ralentizar la carga, los contrastes entre colores agresivos, el exceso de texto frente a las imágenes, etc.

Últimamente están muy de moda las infografías y esquemas con imágenes que ilustran la información. Estos elementos, que agradan al usuario porque obtienen la información que buscan con un simple vistazo, a veces pueden ser contraproducentes. En primer lugar deben estar adaptadas a móviles, como cualquier imagen. En segundo lugar, el contenido de la infografía (imagen) también debe estar transcrito, para que pueda ser indexado por Google. No olvidemos que lo que más gusta a Google es el texto. Por eso si pone algún vídeo en su web lo que le recomiendo es que también ponga la transcripción.

Actualmente la tendencia en cuanto a diseño es *mobile first*. Se trata de diseñar el aspecto de una web pensando primero en la versión móvil: diseño sencillo en la mayoría de casos, botones grandes, textos con bastante separación entre ellos, con funciones para el buen manejo de la web mediante los dedos o los gestos que se puedan hacer con ellos en cualquier dispositivo móvil.

CONSEJO PRÁCTICO

Lo sencillo siempre funciona. No deje que el diseño se interponga entre la usabilidad y la velocidad. Priorice estos aspectos antes que el diseño de su web.

7.6 TIEMPOS DE CARGA EXCESIVOS

La usabilidad es un tema que Google tiene muy en cuenta a la hora de clasificar las webs. Para mejorar la usabilidad de una web lo primero que tenemos que controlar y mejorar es la velocidad de carga, incluso al publicar el artículo en nuestro blog, producto en nuestra tienda, noticia en nuestro periódico... De esta forma comprobaremos errores y nos aseguraremos el correcto funcionamiento del sitio.

Clasificar una web lenta en los primeros puestos de Google es algo que, si por azar se llegase a conseguir, sólo sería por cierto tiempo. Si tiene la mala suerte de contar con una web lenta y no la optimiza ni le mejora el rendimiento, seguramente tendrá una alta tasa de rebote, lo cual le hará bajar posiciones en el *ranking* de Google. La tasa de rebote ha de ser siempre menor que la de la competencia, sólo así mejorará su SEO.

Cada vez más la velocidad es un factor determinante, más aún en dispositivos móviles. El último paso de Google en cuanto a esto ha sido fomentar la versión web AMP para móviles. Y no olvide la herramienta imprescindible que el buscador pone a su disposición para ayudarle a solucionar este aspecto: Google Page Speed Insight. La veremos más adelante.

7.7 NO MONITORIZAR

Para saber si nuestra web funciona necesitamos información. Información sobre visitas, compras, abandonos. Necesitamos estudiar el comportamiento de nuestros usuarios. Una de las acciones a monitorizar es, por ejemplo, dónde hacen clic las personas (zonas de calor), si en el *sidebar* en la parte derecha o en la parte izquierda de nuestra web. O si nuestros usuarios hacen más clic en botones con color verde o azul, por ejemplo, en el botón de compra de nuestra web.

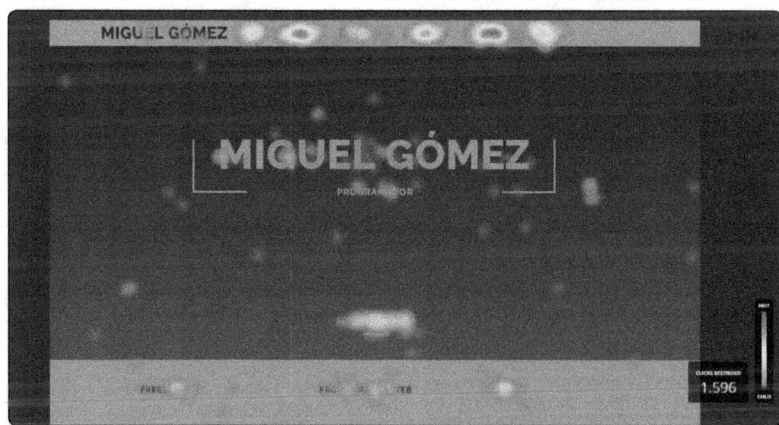

Mapa de calor de la parte superior de miguelgomezsa.com

En el anterior mapa de calor podemos ver dónde hacen clic nuestros usuarios y de esta forma saber qué partes de nuestra web son más importantes y qué es lo que buscan cuando entran en ella.

Otra forma de monitorizar es utilizando Google Analytics para poder comprobar de dónde vienen nuestras visitas, filtrando por web externas, redes sociales, país, *email marketing*...

También podemos utilizar Google Search Console, Sumome o Hotjar.

7.8 NO CREAR CONTENIDO ORIENTADO A KEYWORD RESEARCH

Keyword research es el término anglosajón que se utiliza para identificar, filtrar y evaluar qué palabras clave son más importantes que otras en determinadas búsquedas. Con esta información en nuestro poder podemos decidir usar las palabras clave adecuadas, sacando el máximo partido según las diferentes circunstancias, como por ejemplo para mejorar nuestro posicionamiento web y trabajar el *marketing online* del sitio.

El concepto "palabra clave" se puede utilizar en diferentes contextos en los que se le otorga diferentes matices según su significado. Por ejemplo:

1. Términos utilizados por los usuarios al realizar una búsqueda para encontrar información.

2. Términos que permiten describir el contenido de un sitio web, ya que tener una lista de palabras significativas permite hacerse una idea rápida de su contenido y ayuda a acceder a él.

Estas herramientas son muy útiles para realizar campañas de *marketing* y posicionamiento web, pudiendo en algunos casos adelantarnos a los usuarios, ya que gracias a los datos de búsquedas de años anteriores podemos averiguar tendencias y la cantidad total de búsquedas en un futuro próximo.

Gracias a estas herramientas podemos llevar a cabo tareas como:

▶ Encontrar nuevas *keywords*, variaciones de la palabra clave inicial, y otros nichos relacionados.

▶ Valorar la selección de nuevas palabras clave basándonos en el número de búsquedas y número de resultados ya existentes.

▼ Crear contenido entorno a nuevas palabras clave o variaciones de las ya escogidas.

▼ Optimizar nuestra web en torno a las palabras clave previamente escogidas (tarea residual que se lleva a cabo durante la vida de cualquier proyecto).

▼ Encontrar otras páginas optimizadas con respecto a cierta palabra clave de las cuáles podemos inspirarnos y obtener ideas.

Este tipo de herramientas se basan en datos estimados, algunas cuentan con datos proporcionados por los mismos motores de búsqueda, como por ejemplo el planificador de palabras clave, del propio Google. Podemos valernos de él a través de Google Adwords.

CONSEJO PRÁCTICO

Antes de empezar a crear contenido piense en la palabra o palabras clave que va a utilizar. Válido para la *home*, artículos, categorías, secciones… de nuestro sitio web.

7.9 ENLAZAR CUALQUIER COSA

Nuestra web debe tener enlaces salientes. Es poco probable que una web únicamente tenga enlaces hacia esa misma y ninguno hacia fuera.

Si en nuestro blog tenemos un artículo en el que hablamos sobre *linkbuilding*, lo normal es enlazar alguna web de referencia o incluso poner algún enlace hacia la Wikipedia donde se explique alguno de los conceptos de los que en ese mismo artículo se habla.

Google considera que una web normal y corriente siempre va a tener algún enlace saliente, hacia webs de referencia con bastante notoriedad, por ejemplo, YouTube, Facebook, Wikipedia, o algún periódico conocido. Éstas archiconocidas webs mencionadas anteriormente los tienen, y muchos. Sería muy aburrido una web que únicamente tuviera enlaces hacia ella misma, sería como un laberinto sin salida para el usuario. Y Google lo que desea es que el usuario navegue y navegue y nunca deje de navegar.

En cuanto a enlazar contenidos de Internet, aunque cualquier artículo o contenido que hayamos leído nos parezca interesante, debemos analizar muy bien la fuente antes de enlazarlo desde nuestra web. Ese mismo artículo ha podido ser copiado de otra, es posible incluso que esa web haya sido penalizada por Google o que no tenga la reputación idónea. Es por esto que antes de enlazar debemos estudiar muy bien la web en cuestión. Con un pequeño análisis de la página antes de enlazarla bastaría. Para ello podemos utilizar la herramienta MozBar, una extensión que podemos instalar en nuestro navegador y que nos ayudará a obtener información de una página rápidamente. A veces no hace falta el análisis, basta con ver el sitio de procedencia. Como hemos dicho antes, podemos enlazar webs de sitios con mucha autoridad, como por ejemplo Wikipedia, Facebook, el propio Google, periódicos, o vídeos de YouTube que funcionan muy bien para reducir el rebote de una web, siempre y cuando tengan que ver con el contenido en cuestión.

Veamos ahora el hecho de enlazar contenido procedente de PBN. Seguro que si usted ha leído algo sobre SEO anteriormente es posible que conozca las PBN (*Private Blog Networks*), las redes de blogs privadas, donde los propietarios de estos blogs venden enlaces. La mayoría de ellos se crearon con esa única finalidad. En principio enlazar desde un página a otra no tiene porqué influir negativamente a nuestra web, al fin y al cabo la calidad y la cantidad de enlaces ahora mismo es un aspecto importante que influye en la mejora de nuestro SEO. Pero cada vez más, Google está segmentando la procedencia y calidad de estos enlaces, y es posible que si el enlace que apunta a nuestra web viene de un sitio en el que la temática no tiene nada que ver con la nuestra, Google no lo tenga en cuenta a la hora de mejorar de nuestro posicionamiento.

CONSEJO PRÁCTICO

Ante la duda, si decide enlazar, el enlace que sea de tipo *no follow*.

8

TÉCNICAS BLACK HAT

En este capítulo hablaré sobre las técnicas de sombrero negro (*Black Hat*), técnicas usadas con el objetivo de mejorar el posicionamiento de nuestra web, pero de dudosa legalidad de cara a los motores de búsqueda, ya que se trata de una forma antinatural de forzar la mejora del SEO de nuestra web.

Entre otras, las técnicas *Black Hat* más conocidas y usadas son las siguientes, ordenadas según su facilidad de uso:

- ▼ Popularidad artificial.
- ▼ Abuso de palabras clave.
- ▼ Redirecciones 301.
- ▼ Texto oculto.
- ▼ Enlaces ocultos.
- ▼ *Cloaking*.
- ▼ *Backdoors* o puertas traseras.
- ▼ Provocar contenido oculto.
- ▼ *Linkbuilding* masivo.

También veremos algunas técnicas para perjudicar a la competencia.

El antónimo a las técnicas *Black Hat* serían las técnicas SEO de sombrero blanco, es decir, trabajar el SEO de forma natural, como se ha ido comentando a lo largo de este libro, creando, escribiendo y optimizando el contenido usando nuestras palabras clave.

8.1 POPULARIDAD ARTIFICIAL

Podemos considerar técnicas *Black Hat* publicitarse de forma descarada y totalmente deliberada en los comentarios de algunos blogs y foros. Igualmente incluir enlaces con *anchor text* pensados únicamente en optimizar el SEO hacia nuestra página desde estos sitios y sobre todo desde las llamadas granjas de enlaces. Igualmente, el uso *de cross-linking*: enlazar webs y que ellas te enlacen.

Un ejemplo claro podría ser comentar en la web de la competencia haciéndonos pasar por clientes propios y "spamear", es decir, poner comentarios negativos y dejar una puntuación baja. Esto ya se hace en Amazon, que tiene muy en cuenta los comentarios positivos a la hora de posicionar los productos en los resultados de búsqueda, además cuenta con un buen algoritmo para filtrar comentarios.

Generar polémica en cuanto a un tema que nos concierna e incluir enlaces desde Wikis, comentarios de YouTube, artículos de periódicos, estados de Facebook, conversaciones de Twitter, grupos de Google + y LinkedIn…, igualmente.

Podemos también ofrecer un regalo como un ebook, un curso *online* o cualquier info producto, a cambio de un enlace o alguna mención externa. Aunque esto tiene una pega, y es que una vez entregado el regalo, se podría eliminar el enlace. Lo que también hay que tener en cuenta si nos decantamos por comprar enlaces directamente.

8.2 ABUSO DE PALABRAS CLAVE

Keyword Stuffing, Spamming Keywords

Éstas son técnicas caseras y muy fáciles de llevar a la práctica, de hecho son las más usadas. Consisten en rellenar cada una de las páginas con palabras clave. Se redunda en el uso de las palabras, repitiéndolas muchas veces, a veces llegando a crear frases sin sentido.

Esta técnica puede usarse en textos ocultos, meta títulos y meta descripciones, textos alternativos (alt. en imágenes), comentarios y valoraciones de clientes, nombres de archivos e imágenes, etc.

La densidad de palabras clave que debe tener una página por regla general está entre el 3% y el 12%. A partir del 15 % los buscadores pueden llegar a penalizarle.

Se suele combinar con texto oculto.

Search Console

Panel de control   Palabras clave de contenido

Mensajes

Aspecto de la búsqueda   Palabra clave   Importancia

Tráfico de búsqueda   1. seo

Índice de Google   2. google

Estado de indexación   3. hosting (2 variantes)

Palabras clave de   4. herramientas (2 variantes)
contenido   5. desarrollo (2 variantes)

Recursos bloqueados   6. ebook (2 variantes)

Eliminación de URL   7. wordpress

Rastreo   8. programador (2 variantes)

Problemas de seguridad   9. blog (2 variantes)

Otros recursos   10. existo

                                     11. plugins (2 variantes)

                                     12. internet

                                     13. móviles (2 variantes)

                                     14. servicios (2 variantes)

                                     15. vender (4 variantes)

                                     16. webempresa

                                     17. posicionamiento (6 variantes)

                                     18. php

                                     19. sitio (2 variantes)

                                     20. amazon

8.3 REDIRECCIONES 301

Una de las formas de mejorar el SEO más utilizadas por algunos consultores expertos son el uso de redirecciones 301 desde dominios expirados con alto DA. Es una forma rápida aunque tampoco del todo bien vista por los motores de búsqueda. Para mejorar esta técnica aún más, aunque conlleva más trabajo, lo que se suele hacer es crear blogs en estos dominios y poner enlaces *dofollow* con el *anchor text* optimizado apuntando hacia nuestra web. Está comprobado que esta técnica mejora el posicionamiento web.

Podemos encontrar dominios caducados con alto DA y PA, crear en ellos blogs o *landing pages* con enlaces hacia nuestro sitio web o simplemente poner una redirección 301 hacía nuestro sitio web.

También se pueden crear blogs en wordpress.com, blogspot.com, así como en cualquier plataforma que cuente con un dominio o subdominio propio con alto DA y provocar desde ahí redirecciones por medio de javascript con la siguiente etiqueta:

<meta http-equiv=”refresh” content=”0; url=http://example.com/”>

8.4 TEXTO OCULTO

Técnica rudimentaria que trata principalmente de la introducción de texto, normalmente palabras clave, de forma no visible, dentro del contenido de nuestra página.

Normalmente se suele poner el color de letra del mismo color que el del fondo. Por ejemplo, como en cualquier sitio, si se pone el color de la letra blanco sobre un color de fondo blanco el texto no se verá. Los usuarios no se percatarán del texto, pero sí los motores de búsqueda, ya que son capaces de reconocer dicho texto. También se puede ocultar texto mediante javascript, CSS y con las etiquetas HTML adecuadas.

8.5 ENLACES OCULTOS

Técnica conocida a su vez como *linkbuilding* oculto. Al igual que se oculta texto se pueden ocultar enlaces, que es todavía más beneficioso para mejorar el SEO de nuestra web, aunque la práctica es diferente. Para mejorar el posicionamiento de nuestra web no debemos ocultar enlaces en nuestro sitio web sino en sitios webs externos, ajenos al nuestro.

8.6 CLOAKING

Traducido al español significa "capeando", y se puede traducir por la técnica que consiste en entretener a alguien con engaños, en este caso a los motores de búsqueda.

Se trata de mostrarles a los motores una versión de la web diferente a la mostrada a los usuarios. Es una antigua técnica *Black Hat* y actualmente no se usa mucho. Puede tener una gran ventaja mostrar contenido optimizado para SEO a los motores de búsqueda y otro al usuario.

De esta forma sólo se indexa la parte optimizada y los usuarios ven un contenido totalmente diferente. Para poner en práctica esta técnica se requiere conocer la dirección IP de los motores de búsqueda para re direccionarlos a la versión preparada para SEO y enviar al resto de visitas a la versión de la web que queramos, por ejemplo una versión de la misma hecha sólo con imágenes.

8.7 BACKDOORS

Una técnica muy avanzada utilizada por los mejores *hackers*. Consiste en aprovechar vulnerabilidades en sitios webs ajenos al nuestro para colarse en ellos e introducir enlaces ocultos apuntando hacia nuestro sitio web, de esta forma se mejora el SEO del mismo.

8.8 PROVOCAR CONTENIDO OCULTO

Si no fuera por los millones y millones de webs que existen hoy día en Internet, la nuestra estaría la primera en todos los resultados, ¿verdad? Eso es una gran obviedad. Pues bien, existen técnicas para dañar a la competencia, lo cual no quiere decir que lo recomiende en absoluto. Si en nuestro caso tenemos muy claro quién es nuestro competidor, y tenemos varios artículos o productos por los que luchamos con él y por supuesto los queremos posicionar por encima de éste, podemos hacer lo siguiente

1. Crearnos tantos blogs como necesitemos, tanto en wordpress.com como en blogger.

2. Dentro de éstos copiamos el contenido del producto, artículo o noticia en cuestión por el que competimos. Lo más literal posible.

3. Opcional, podemos poner un enlace hacia nuestra web. El enlace debería estar ofuscado para que la competencia no atribuya la autoría de ese enlace a nosotros.

8.9 PAGE HIJACKING

Si lo anterior lo hiciéramos con todo un dominio estaríamos hablando de *page hijacking.*

El *page hijacking* es una técnica *Black Hat* para atacar también a la competencia. El procedimiento es el siguiente: se copia una web a la que se le quiere perjudicar el SEO, y se pega tal cual en otro servidor bajo un nombre de dominio previamente registrado, aunque el dicho registro es fácilmente rastreable. Se asegura la persona de que esa web es indexada, incluso se le da de alta en Google Search Console. De esta forma Google comprobará que existe contenido duplicado, por lo tanto hay una gran probabilidad de que perjudique el SEO de la web copiada.

Para evitar este tipo de ataques es recomendable tener la etiqueta canonical en cada una de nuestras páginas.

8.10 LINKBUILDING MASIVO

En Internet prácticamente se puede comprar de todo. Como hemos visto en este libro los enlaces externos nos ayudan a posicionar nuestra web. Y en Internet, en páginas como Fiver podemos comprarlos, en ocasiones por paquetes que van desde unos pocos hasta unos cientos de miles.

Esta técnica puede beneficiarnos o perjudicarnos, a nosotros o a la competencia. Por ejemplo, si compramos unos pocos enlaces de calidad hacia nuestro sitio web con un buen *anchor text*, está claro que nos ayudaría a mejorar nuestro posicionamiento web.

En el caso contrario, si por ejemplo compramos cientos de miles de enlaces que contengan un *anchor text* que no tengan nada que ver con el contenido en cuestión y que además procedan de dominios que puedan estar en listas negras, contengan contenido fraudulento, no estén relacionados con nuestro contenido o simplemente no tengan valor ninguno, posiblemente Google nos penalice, a nosotros o a la web a la que vayan dirigidos los enlaces.

A pesar de la eficacia de estas técnicas *Black Hat* en cuanto a la mejora del SEO, actualmente los buscadores son suficientemente inteligentes como para detectarlas y penalizarlas, con la consiguiente bajada de posiciones en el buscador e incluso el borrado total del índice del motor de búsqueda en cuestión.

Yo no recomiendo utilizar estas técnicas. Y ni que decir tiene que la utilización de las mismas puede acarrear consecuencias que pueden derivar en grandes pérdidas económicas para una empresa que por ejemplo se dedique al comercio electrónico.

9

GOOGLE Y EL SEO

Una de las ventajas que tiene Google frente a otros motores de búsqueda es que es él mismo quien tiene interés en que sus resultados sean de calidad y aporten valor. Todo ello le hace conseguir la mayor cuota de mercado, es decir, que la mayoría de usuarios posibles usen su buscador. Por supuesto para ello necesita mostrar los mejores resultados de búsqueda y es por ello que pone a disposición de cualquier usuario documentación y herramientas.

Otro aspecto significativo a favor de Google es su propio algoritmo, es decir, las características que tiene en cuenta a la hora de posicionar una web. Gracias a ello cualquiera puede trabajar en posicionar su página en los resultados de búsqueda. Aunque a veces por mucho que trabajemos no podremos llegar a estar en lo más alto de los resultados de búsqueda, será debido no a nosotros sino a la gran competencia que existe en Internet. O a que el mismo algoritmo de Google da importancia por ejemplo a la antigüedad, al DA, al PA... (Cosas que se consiguen con el tiempo, y no siempre).

En otros motores de búsqueda, como Bing de Microsoft, es más complicado saber por qué un resultado de búsqueda está posicionado delante de que otro en su *ranking*. Además no hay tanta documentación ni herramientas como las que sí podemos encontrar en Google. En España este buscador copa el primer puesto en motores de búsqueda por uso y parece que no hay muchas posibilidades de que esto vaya a cambiar. Por esto mismo posicionar una web en Bing de poco sirve en realidad.

Como curiosidad, decir que hace poco Google cambió el nombre de Google Webmaster Tools por Google Search Console, haciendo un guiño a cualquier propietario de sitio web. El objetivo de esta herramienta es facilitar el entrar en la Consola de Búsqueda (*Search Console*) y ver por qué resultados aparece su web en

Google, si es que aparece, y así poder trabajar mejor el SEO de su web. Con esta maniobra quiere alejar esta herramienta de desarrolladores web (*Webmaster Tools*) y acercarla más a un usuario de a pie. De ahí el guiño.

9.1 EL ALGORITMO DE GOOGLE

El algoritmo de Google es complejo. Eso quizá ya se sepa. Lo que es más desconocido es que sus creadores en un primer momento quisieron venderlo a Yahoo por 1 millón de dólares, este buscador lo rechazó y, pasado un tiempo, él mismo quiso comprárselo a Google por 3000 millones de dólares.

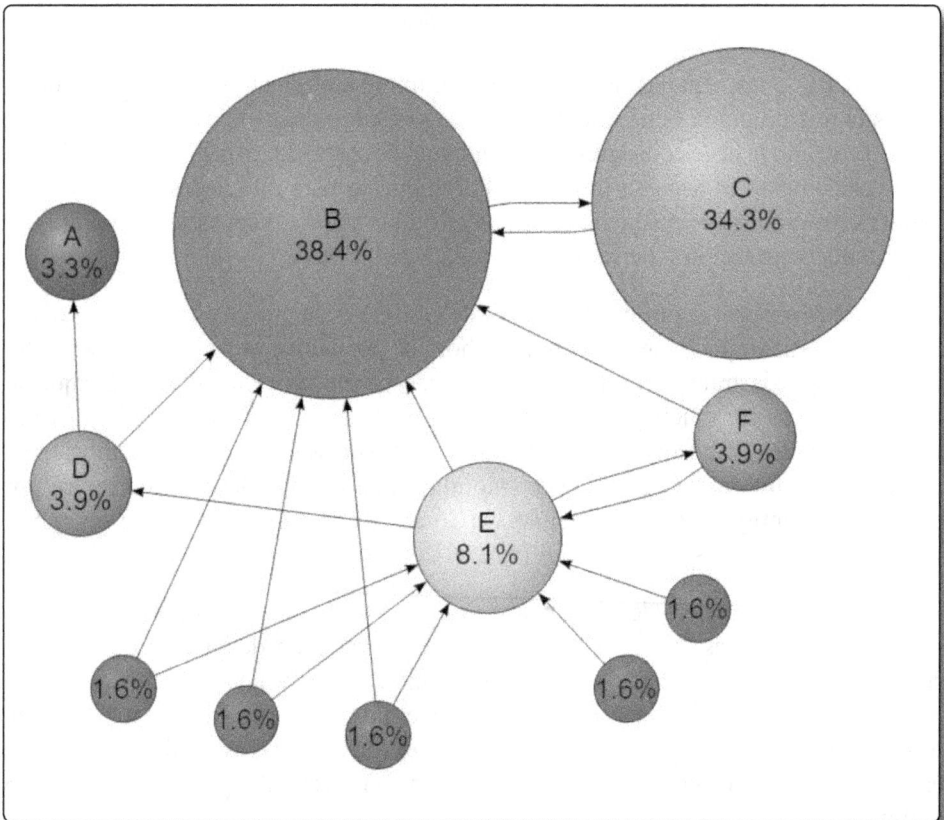

Imagen del algoritmo PageRank de Google. Wikipedia

Que el algoritmo de búsqueda de Google es de los mejores tampoco es nuevo. Muestra búsquedas dependiendo de muchos factores, cada vez más orientados al usuario. Por ejemplo dependiendo de la ubicación del mismo y de las búsquedas que haya realizado antes, de los sitios visitados, el idioma elegido, si se busca desde un dispositivo móvil...

Google hace 500 cambios en su algoritmo al año, cambios a veces importantes, desde versiones nuevas del mismo e implementaciones de factores nuevos e importantes a tener en cuenta para "rankear" cualquier web, hasta cambios apenas perceptibles. Esto implica, como veremos a continuación, el llamado efecto Google Dance.

En un principio, el algoritmo de Google se basaba principalmente en enlaces. En la imagen siguiente podemos ver cómo funciona dicho algoritmo, otorgando importancia a diferentes sitios teniendo en cuenta únicamente la cantidad de los enlaces hacia los mismos. Cada esfera es un sitio web y el mayor porcentaje representa la mayor autoridad del sitio por recibir mayor número de enlaces entrantes.

9.2 GOOGLE DANCE

El Google Dance o "baile de Google" es un fenómeno consistente en la variación de la posición en el *ranking* de nuestra web de forma brusca en un corto periodo de tiempo

Ocurre sobre todo en páginas nuevas o en webs en general cuando Google realiza grandes cambios en su algoritmo. Puede afectar a todo el contenido bajo su dominio o a una o varias páginas en concreto.

En estos casos, el posicionamiento puede variar de modo brusco en horas, días o alguna semana. Y ello dura el tiempo que tarda en estabilizarse la clasificación de esta web o página conforme al algoritmo del buscador.

Esto ocurre en la mayoría de los casos porque Google tarda cierto tiempo en recopilar la información de esa web o página. Cuando hablamos de información, nos referimos a los enlaces que apuntan hacía la misma, la competencia, palabras clave de contenido, estructura, *sitemap*...

En general, podemos encontrarnos con los efectos de Google Dance en los siguientes casos:

- ▶ La web acaba de publicarse en internet.
- ▶ Se está generando mucho contenido "dudoso".
- ▶ Se está localizando mucho link "dudoso".
- ▶ La web ha sido penalizada por Google.
- ▶ Cambios importantes en el algoritmo de Google.
- ▶ Cambios en muchas URLs de nuestra web.
- ▶ Cambios en la estructura de nuestra web.
- ▶ Adiciones o eliminaciones de idiomas de nuestra web.

9.3 ¿ME PUEDEN AFECTAR LOS CAMBIOS DEL ALGORITMO DE GOOGLE?

La respuesta es sí, obviamente. Hagamos lo que hagamos estamos siempre a disposición de las decisiones de los ingenieros de Google. Pero esto no es algo que ocurra únicamente en Google, también en Bing, Facebook, Twitter, Instagram y demás gigantes de internet.

Las grandes empresas tecnológicas de Internet, como es el caso de Google, cambian bastante de decisión en cuanto a sus algoritmos de clasificación. Está en juego la hegemonía y la supervivencia de las mismas. Intentan seguir las tendencias de comportamiento de los usuarios. Las estudian e intentan mejorar el funcionamiento, tanto del algoritmo como de sus herramientas webs.

Mejorar cada día para adaptarse a los nuevos tiempos forma parte de sus filosofías y por ello está siempre en constante evolución innovando día a día. Pensar en el futuro y estar preparados para él es una premisa básica para tener éxito en Internet. Adaptarse o morir.

10

HERRAMIENTAS DE GOOGLE

10.1 SEARCH CONSOLE

Antiguamente conocida como Google Webmaster Tools y rebautizada como Search Console, para acercarla a un público más de a pie y alejarla de desarrolladores web (*webmasters*).

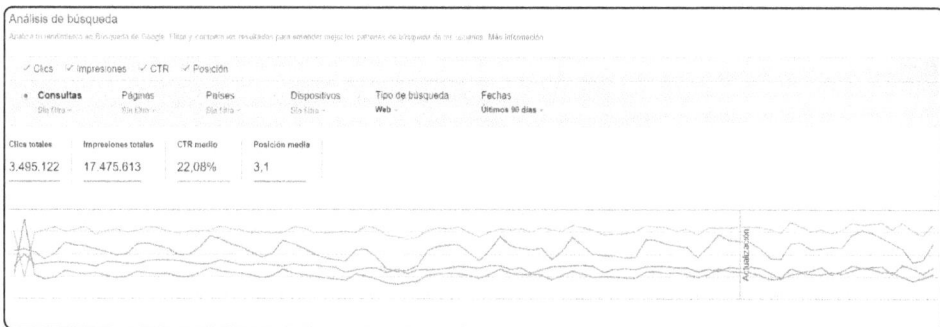

Probablemente se trate de la mejor y más importante herramienta para conocer la salud de nuestro SEO. Es la primera que se creó para conocer de verdad, con datos fidedignos, en qué posición está una página, cuantas impresiones y clics tiene en torno a una palabra clave, etc. Añadir nuestra web como propiedad en Search Console es sin duda uno de los primeros pasos que hay que hacer para empezar a trabajar el SEO de la misma.

También podemos ver si Google nos ha penalizado por una palabra clave en una página o en todo el dominio. Hay varios tipos de penalizaciones. Una de ellas es la acción manual, es decir, un empleado de Google que de forma manual ha relegado del *ranking* una web de una posición a otra. Esta sería una acción manual dentro de Search Console. También es posible que Google nos relegue de posiciones según su algoritmo.

https://support.google.com/webmasters/answer/2604824?hl=es

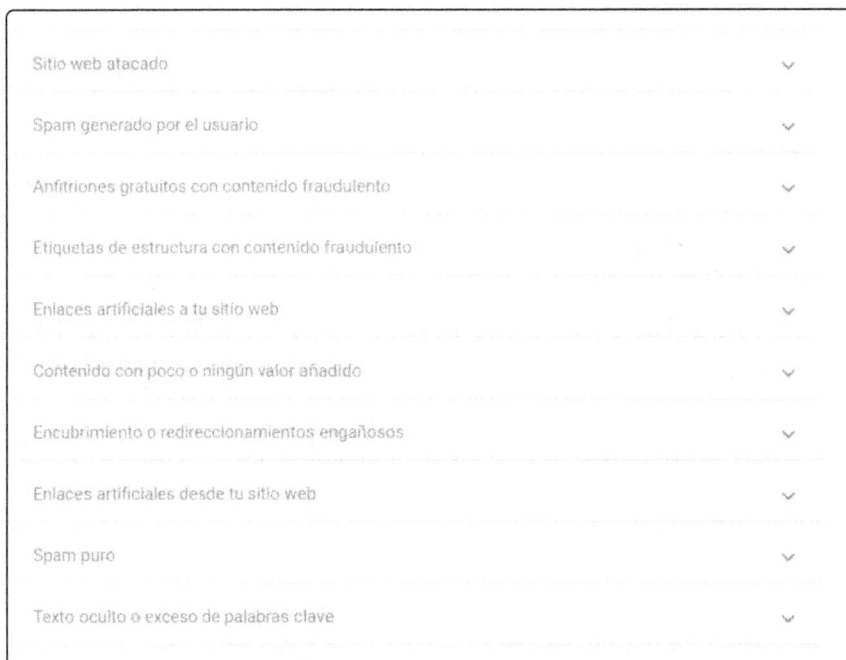

Sitio web atacado	⌄
Spam generado por el usuario	⌄
Anfitriones gratuitos con contenido fraudulento	⌄
Etiquetas de estructura con contenido fraudulento	⌄
Enlaces artificiales a tu sitio web	⌄
Contenido con poco o ningún valor añadido	⌄
Encubrimiento o redireccionamientos engañosos	⌄
Enlaces artificiales desde tu sitio web	⌄
Spam puro	⌄
Texto oculto o exceso de palabras clave	⌄

Encontrará Google Search Console siguiendo este enlace:

google.com/webmasters/tools

CONSEJO PRÁCTICO

En cuanto tenga su web lista y publicada, añádala como propiedad en Google Search Console para empezar a recopilar datos.

10.2 ANALYTICS

Es junto con Search Console la más importante de las herramientas de Google en cuanto a monitorización web. En este caso obtenemos muchísima información de las visitas que obtiene nuestra web, aplicación móvil y otras plataformas.

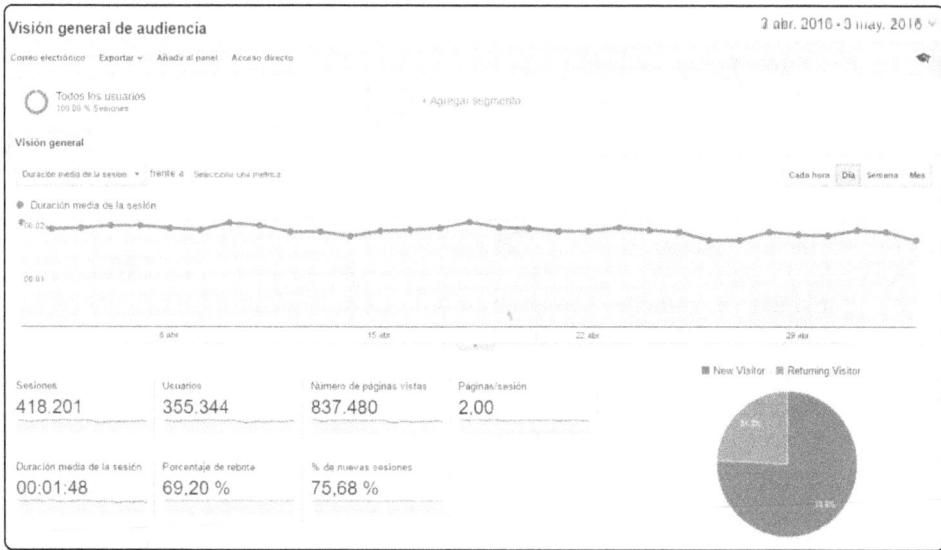

Con Analytics podemos filtrar todas las visitas por procedencia (webs de desde las que nos enlazan), país de procedencia, tipo de dispositivo y resolución del mismo, así como medir conversiones, crear analíticas de contenido…

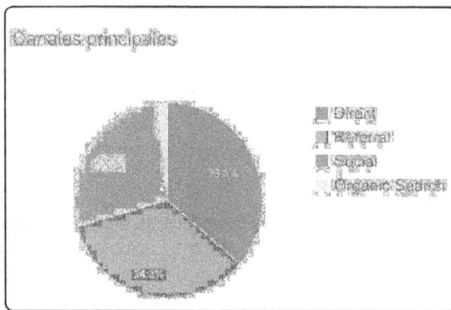

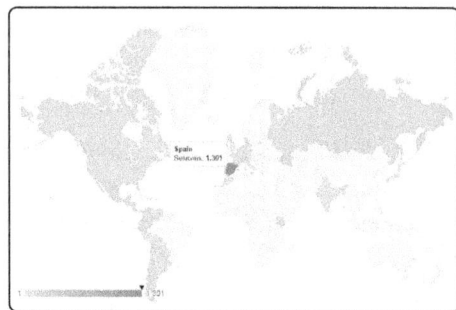

Entre sus funciones podemos destacar las que nos permiten conocer los siguientes datos:

▼ Las páginas desde las que más abandonos se producen.
▼ Conversiones por dispositivo.
▼ Conversiones por procedencia.
▼ Visitas nuevas y recurrentes.
▼ Porcentaje de rebote.
▼ Duración media de la visita por página.
▼ Páginas vistas por usuario.

Todos estos datos nos pueden ayudar a mejorar nuestro contenido, potenciar aquellas páginas que nos traen más usuarios y mejorar o cambiar el contenido que nos reporta menos visitas.

Por si todo esto fuera poco también nos ofrece la posibilidad de conocer las visitas en tiempo real, es decir, las páginas en las que está navegando un usuario por nuestra web en el mismo momento en el que nosotros estamos consultando Analytics desde nuestro ordenador.

En este momento

2.263

usuarios activos en el sitio

▮ ORDENADOR ▮ MÓVIL

| 53% | 47% |

Puede acceder a Google Analytics desde aquí: google.es/intl/es/analytics

CONSEJO PRÁCTICO

Añada el código de Analytics a su sitio web antes de publicarlo. Normalmente se añade en el *header* o *footer* de la página. Compruebe que funciona correctamente desde cualquier parte de la misma.

10.3 GOOGLE PAGE SPEED INSIGHTS

Google Page Speed Insights es la primera opción, y probablemente la más fiable, para saber si una web está realmente bien optimizada en cuanto a velocidad y rendimiento. El Page Speed Insight de Google analiza su web en tiempo real, su contenido, su código, incluso tiene en cuenta otras variables como la velocidad de respuesta de nuestro servidor, si las imágenes están optimizadas o no, si tenemos los tiempos de caché de los archivos servidos por nuestro servidor web adecuados para minimizar las peticiones que el navegador realiza, así como otros referentes a la experiencia de usuario.

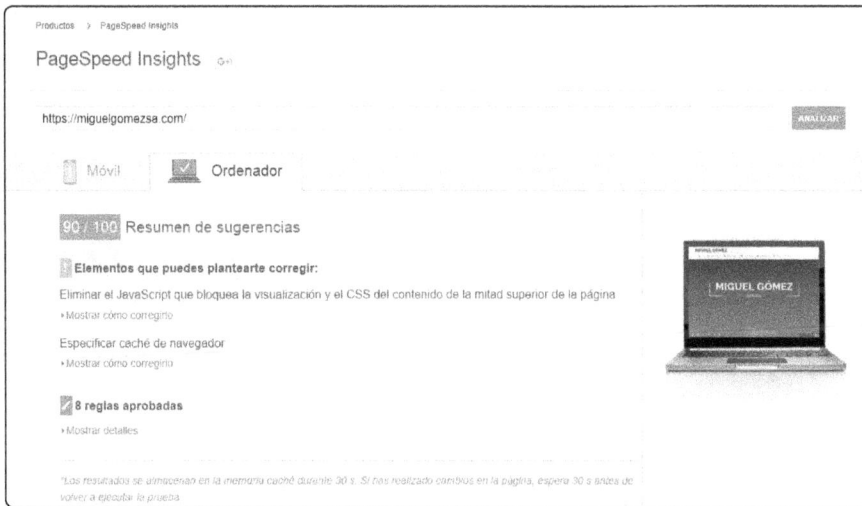

Con esta herramienta de Google podemos analizar cualquier página que deseemos por medio de su URL.

Page Speed analiza nuestra web de dos formas. Una de ellas corresponde a la versión móvil de nuestro sitio web y la otra a ordenadores convencionales, de escritorio o sobremesas y portátiles. De esta forma podemos obtener dos informes en torno a éstas dos versiones.

Además esta herramienta genera sugerencias para mejorar las deficiencias que pueda tener nuestra web y cualquier elemento que pueda aumentar la velocidad y por tanto el rendimiento de la página en particular y de la web en general.

Podemos hacerlo tantas veces como deseemos, en cualquier página de nuestra web. Page Speed guarda el resultado 30 segundos: si hace cambios sobre la web se debe esperar 30 segundos antes de volver a hacer el test para ver los resultados actualizados.

Principalmente el Page Speed Insight se basa en las siguientes premisas para definir la velocidad de tu sitio y darle a la página una puntuación de 0 al 100.

▶ Utilizar tamaños de fuente que se puedan leer.

▶ Aplicar el tamaño adecuado a los botones táctiles.

▶ Configurar ventana gráfica.

▶ Adaptación del contenido a la ventana gráfica.

▶ Especificar caché de navegador.

▶ Eliminar el JavaScript y CSS que bloquea la visualización de la mitad superior de tu página.

▶ Optimizar imágenes.

▶ Habilitar compresión.

▶ Minificar HTML.

Como otras herramientas, la puntuación obtenida puede ser variable desde 0 hasta 100, a partir de 85 podríamos decir que el rendimiento de nuestra web es bueno. PageSpeed Insights está en constante evolución. Incluye mejoras día a día con lo cual la puntuación de nuestro sitio puede variar.

PageSpeed Insights también tiene en cuenta los siguientes factores para mejorar el rendimiento:

▶ El tiempo de carga de la mitad superior de la página, que viene a ser el tiempo transcurrido desde el momento en el que un usuario solicita una página nueva hasta que el navegador muestra el contenido de la mitad superior de la misma.

▶ El tiempo de carga total de la página, que es el tiempo transcurrido desde el momento en que un usuario solicita una página nueva hasta que se muestra completamente en el navegador.

Este es el enlace a Google Page Speed Insights:
developers.google.com/speed/pagespeed/insights

CONSEJO PRÁCTICO

Antes de publicar su web intente que tenga una puntuación entre 70 y 100.

10.4 MOBILE FRIENDLY TEST

Nuestra web debe estar optimizada para dispositivos móviles. Esto quiere decir que debe visualizarse correctamente en *smartphones*, tabletas…

Cada día son más las personas que usan estos dispositivos para navegar, realizar compras, revisar el correo, leer noticias, etc. A día de hoy se puede hacer cualquier cosa desde un teléfono inteligente o tableta, y la facilidad que nos reportan en cuanto a movilidad y facilidad de utilización está haciendo que estos dispositivos se pongan a la cabeza en cuanto a uso de la población.

Debido al creciente tráfico proveniente de los mismos, Google ha decidido que cualquier web que no esté adaptada a ellos tendrá menor relevancia en sus resultados respecto a otras webs que sí lo estén. Esta decisión hay que decir que en el mundo actual, donde la movilidad es un factor muy importante, es bastante coherente.

Además, el buscador ha puesto a disposición de todos los usuarios y desarrolladores web una herramienta para comprobar que efectivamente nuestro sitio está bien adaptado a estos dispositivos.

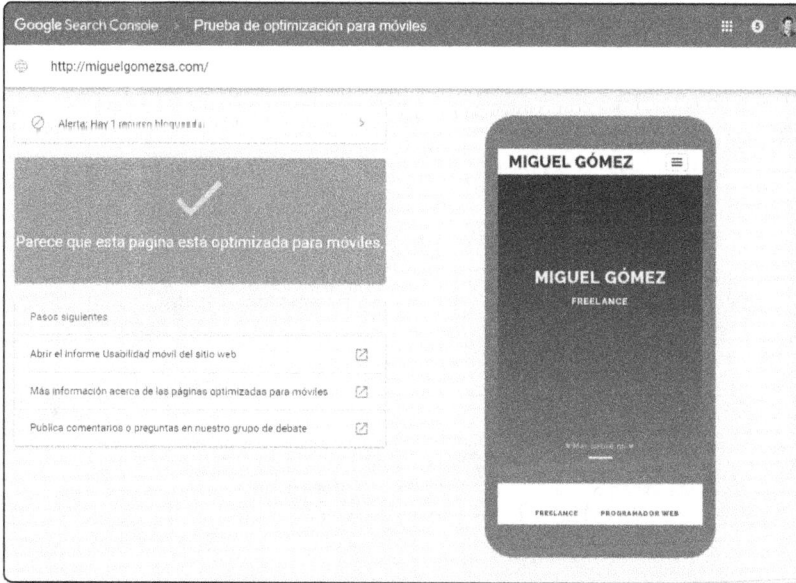

En cuanto a la utilización de la herramienta se asemeja a **Page Speed Insight** y nos advierte de cuestiones como:

- ▶ Si el texto es demasiado pequeño para leerlo.
- ▶ Si los enlaces están demasiado juntos.
- ▶ Si no se ha definido la ventana gráfica para dispositivos móviles.
- ▶ Si el contenido es más ancho que la pantalla.
- ▶ Si las imágenes son demasiado grandes...

Como nota, añadiré que Google fijó la fecha de 21 de abril de 2016 como aplicable para tener en cuenta a la hora de "rankear" una web si estaba o no adaptada a dispositivos móviles.

Podemos acceder a la herramienta citada anteriormente a través de estos enlaces:

- ▶ *google.com/webmasters/tools/mobile-friendly*
- ▶ *search.google.com/search-console/mobile-friendly*

CONSEJO PRÁCTICO

Antes de tener operativa su web asegúrese de que está totalmente optimizada para dispositivos móviles. Además de utilizar la herramienta mencionada, intente acceder a ella desde diferentes dispositivos físicos de gama baja y media.

10.5 STRUCTURED DATA TESTING TOOL

Los datos estructurados y *snippets* son pequeñas partes del código fuente de una web o aplicación móvil que contienen información y facilita a los buscadores la indexación de la misma. Se trata de una forma de estandarizar la estructura de la información y facilitar su indexación. Por eso es conveniente para cualquier web el uso correcto de los datos estructurados.

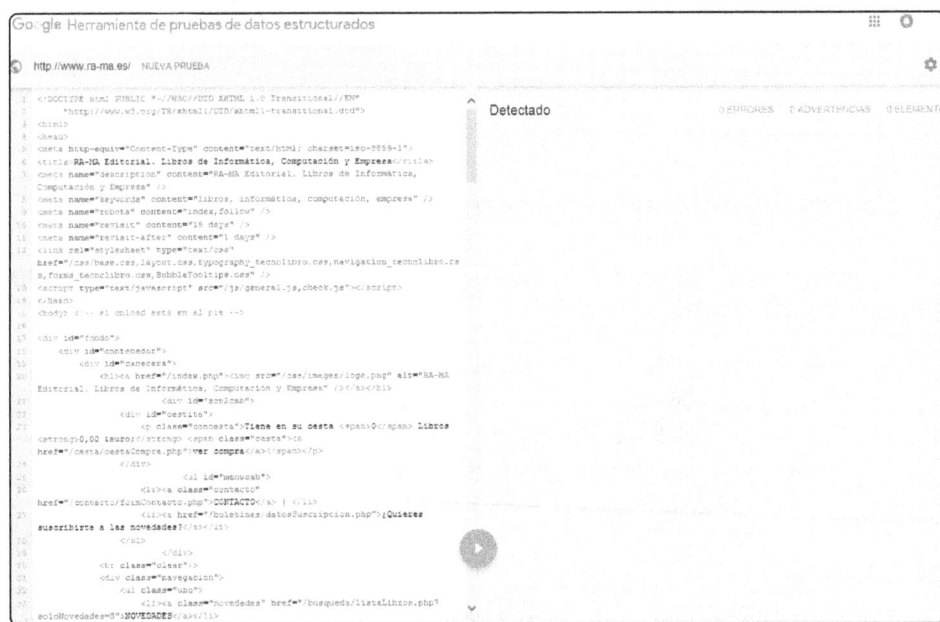

Para comprobar si Google entiende correctamente los datos estructurados y *snippets* de cualquier página podemos usar esta herramienta que el gigante de internet nos facilita. En ella encontraremos errores, advertencias, sugerencias y sobre todo ayuda para solucionar los posibles errores que podamos tener.

Su uso es semejante a las herramientas de Google mencionadas anteriormente. Basta con introducir una URL de cualquier página.

Puede encontrar más información sobre los *snippets* y las etiquetas existentes en *schema.org*.

Para acceder a la herramienta puede hacerlo desde aquí: developers.google.com/structured-data/testing-tool

10.6 KEYWORD PLANNER

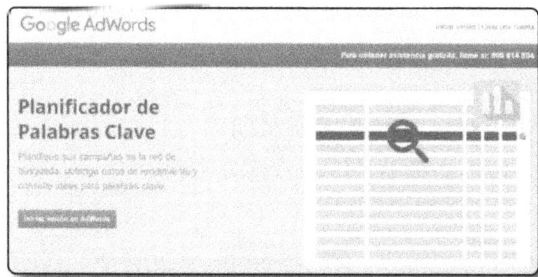

El planificador de palabras clave es una herramienta que forma parte de Google Adwords (la publicidad de Google). Es muy útil para la organización de campañas de PPC (pago por clic). Nos sirve para examinar tendencias de búsqueda e identificar palabras clave que podremos utilizar en la optimización de campañas. Igualmente es relevante a la hora de hacer *keyword targeting* para crear contenido de calidad y encontrar palabras clave *long tail* y averiguar la competencia que podemos tener por cada término de búsqueda.

Únicamente necesitamos tener una cuenta de Google AdWords para poder utilizar esta herramienta, aunque no hace falta que lleguemos a usar Adwords.

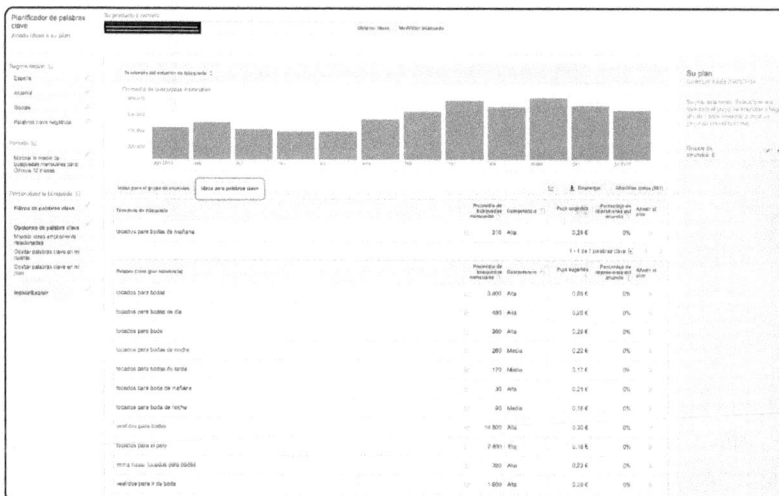

Otra forma de obtener palabras clave

Otra forma de recabar palabras clave usadas por los usuarios es a través de la función de autocompletar de Google. Muestra recomendaciones de búsqueda gracias a las que realizan los usuarios. Además, podemos ver las tendencias de búsqueda en tiempo real, lo cual es algo que ha dado mucho que hablar por diversos motivos que exceden del contenido de este libro.

Autocompletado y tendencias de búsqueda de Google.

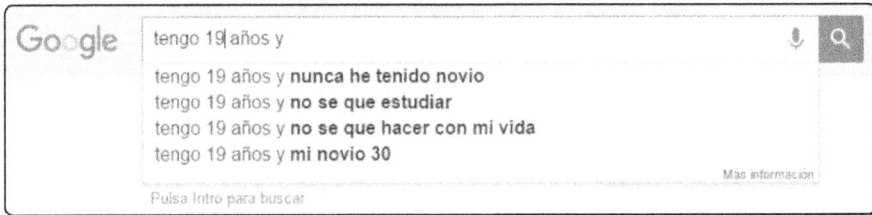

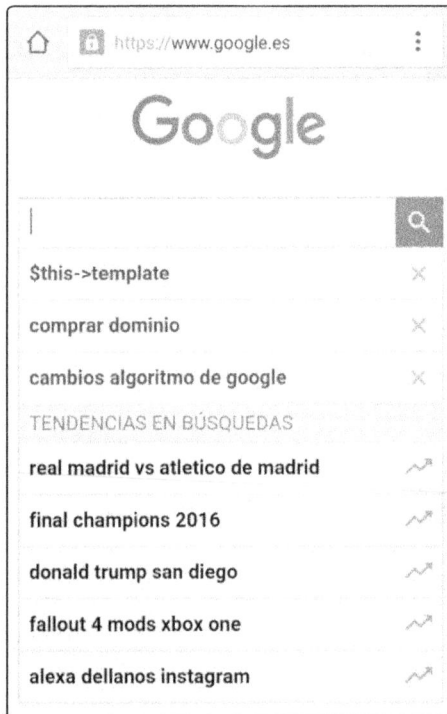

Tanto en un caso como en otro hay que tener en cuenta, a la hora de elegir la palabra clave, la ortografía. Google muestra los resultados de palabras clave bien escritas con preferencia a los resultados de las palabras clave que contengan errores ortográficos, se escriban de forma diferente a la habitual, o sean frases, expresiones o palabras mal formadas. En algunos casos también diferencia entre el masculino, femenino, singular y plural.

Se puede decir que Google nos corrige la ortografía en las búsquedas:

Si quiere aprovechar todo el potencial de este motor de búsqueda, puede valerse de la siguiente web donde el propio Google reúne trucos y sugerencias, en la que verá recogidas una serie de informaciones que le serán de gran utilidad para obtener la información exacta en búsquedas que realice.

Puede acceder a la herramienta a través de este enlace:
google.es/intl/es/insidesearch/tipstricks/all.html

10.7 GOOGLE TRENDS

Google Trends es otra gran herramienta gratuita de Google. En ella podemos ver la frecuencia con la que se realizan búsquedas por determinados términos de búsqueda.

Nos puede ayudar a obtener información sobre tendencias de búsqueda con datos desde 2004. En ella podemos filtrar por ubicación, por palabra o palabras clave y por períodos de tiempo. Incluso podemos acceder a una predicción sobre las búsquedas futuras en algunos casos. Y podemos comparar el volumen de búsquedas entre dos o más términos.

También se pueden ver noticias relacionadas con las palabras clave de búsqueda encima de la gráfica, donde podemos ver cómo afectan los eventos a la popularidad.

Puede utilizar Google Trends en: *google.es/trends*

10.8 TROUBLESHOOTER DE GOOGLE

Esta herramienta para solucionar problemas a los *webmasters* ha devenido en herramienta útil para cualquier usuario de a pie.

Es un asistente muy útil. Su funcionamiento radica en ir respondiendo a una serie de preguntas hasta que encontramos la información que nos solucionará el problema.

Aquí el enlace a la herramienta:
support.google.com/webmasters/topic/3306319?hl=es

10.9 RETIRADA DE CONTENIDO INFRACTOR DE DERECHOS DE AUTOR

Google maneja mucha información y esto le genera algunos problemas, entre ellos el más grande es el referente al tema legal.

Entre otras cosas, para proteger los derechos de autor pone a disposición de cualquier usuario un formulario donde se puede informar al buscador de contenido infractor de los mismos.

Puede acceder a las solicitudes legales de retirada en: *support.google.com/legal/answer/3110420?rd=1*

DECLARACIONES JURADAS

Creo de buena fe que el uso de los materiales protegidos por derechos de autor anteriormente descritos como presuntamente infractores no está autorizado por el propietario de los derechos de autor, por su agente ni por la ley.
Marca la casilla para confirmar la declaración.

La información incluida en esta notificación es precisa y juro, bajo pena de perjurio, que soy el propietario de los derechos de autor o una persona autorizada para actuar en nombre del propietario de un derecho exclusivo presuntamente infringido.
Marca la casilla para confirmar la declaración.

Entiendo que pueda enviarse una copia de cada aviso legal al proyecto Lumen (http://lumendatabase.org) para su publicación y anotación. También entiendo que Lumen elimina la información de contacto personal de las notificaciones antes de publicarlas pero, en muchos casos, no eliminará mi nombre.
Marca la casilla para confirmar la declaración.

Captura de pantalla del formulario que Google ofrece para denunciar contenido

Puedes encontrar la herramienta en: *www.google.com/webmasters/tools/ dmca-notice?rd=1&pli=1*

10.10 ALERTAS DE GOOGLE

Las alertas de Google son un servicio muy recomendado que sirve para estar informados sobre las últimas noticias de cualquier tema. Por ejemplo "SEO", "desarrollo web", "seguridad web" o cualquier otro que le pueda interesar. Muy útil para vigilar las noticias de nuestro nicho.

Al dar de alta la alerta deseada, empezarán a llegar a nuestro *email* las últimas noticias y artículos relacionados con las palabras clave que escojamos. Como dijo Bill Gates "la información es poder" y utilizarla bien nos puede ayudar a conseguir nuestros objetivos antes que otros.

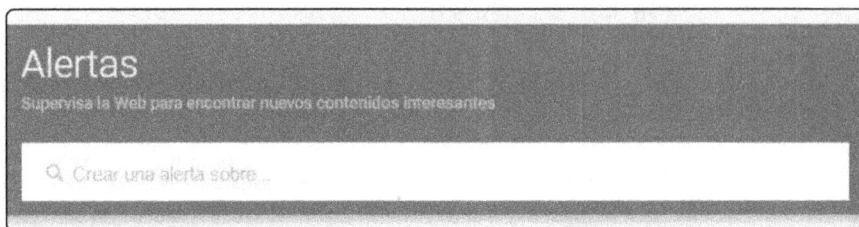

Puede encontrar la herramienta en: *https://www.google.com/alerts*

10.11 HERRAMIENTA PARA DESAUTORIZAR ENLACES HACIA NUESTRA WEB

Como dice Google sobre su herramienta:

"PageRank representa la opinión de Google acerca de la importancia de una página en función de los enlaces entrantes procedentes de otros sitios. PageRank es un indicativo importante, pero es solo uno de los más de 200 que usamos para averiguar la importancia. En general, un enlace de un sitio se considera como un voto a favor de la calidad de este.

Google se esfuerza mucho para garantizar que las acciones en sitios de terceros no afecten negativamente a un sitio web. En determinadas circunstancias, los enlaces de entrada pueden afectar la opinión de Google acerca de una página o de un sitio. Por ejemplo, tú o un optimizador de motor de búsqueda (SEO) que hayas contratado puede crear enlaces inadecuados a tu sitio a través de enlaces de pago u otros esquemas de enlaces que infringen nuestras directrices de calidad. En primer lugar y por encima de todo, te recomendamos que elimines de la Web todos los enlaces de baja calidad o con contenido fraudulento que puedas.

Si has hecho todo lo que has podido para eliminar estos tipos de enlaces y no encuentras la forma de retirar los que quedan, puedes desautorizarlos; En otras palabras, puedes pedir a Google que no tenga en cuenta enlaces determinados al evaluar tu sitio."

Resumiendo esta herramienta nos permite subir un archivo con las direcciones de páginas que deseemos que Google no tengan en cuenta a la hora de contabilizar sus enlaces hacia nuestra web, debemos hacerlo con precaución. Esas webs pueden estar dentro de las llamadas *Black Lists* o listas negras que crea Google con algunas webs que han sido "hackeadas" o contienen contenido fraudulento entre otros motivos.

Desautorización de enlaces

Esta es una función avanzada y debe usarse con precaución. Si se usa incorrectamente, la función puede afectar negativamente al rendimiento de tu sitio en los resultados de búsqueda de Google. Te recomendamos que solo desautorices backlinks si crees que tienes un número considerable de enlaces con contenido fraudulento, artificiales o de baja calidad que dirigen a tu sitio, y si estás seguro de que los enlaces te están causando problemas.

Sube un archivo de texto (*.txt) que contenga solo los enlaces que quieres desautorizar.

Elegir archivo

Finalizado

Por tanto, si tenemos conocimiento de que nuestro sitio está siendo perjudicado a causa de que éstas webs de dudosa reputación y sabemos que tienen enlaces hacia nuestra web podemos comunicárselo a Google para que éste no nos penalice.

Esta es el enlace a la herramienta de Google.
https://www.google.com/webmasters/tools/disavow-links-main

Para saber que webs enlazan hacia tu sitio podemos usar SEOprofiler y SEMrush.

11

OTRAS HERRAMIENTAS IMPORTANTES

11.1 WOORANK

Woorank es una herramienta de análisis web para posicionamiento SEO. Proporciona consejos que nos permiten optimizar el contenido y mejorar el posicionamiento en buscadores. La herramienta es de pago, sin embargo ofrece gran cantidad de información de forma gratuita. Cabe destacar que Woorank analiza más de 75000 webs al mes.

En el plan gratuito solo se pueden realizar unos pocos análisis al día.

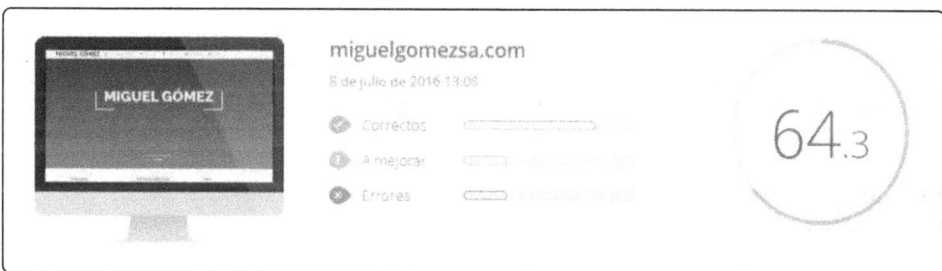

Nos informa de ciertos aspectos de nuestra web que nos ayudan a mejorar el SEO, tales como tener un archivo sitemap.xml, archivo robots.txt, la antigüedad del dominio, si contamos con un blog o no, el número de *backlinks* y otros tantos factores que se van incrementando a medida que van apareciendo (Google marca las directrices). A la vista de estos valores, nuestra web recibe una puntuación que puede variar entre 0 y 100, puntuación que va cambiando a medida que se mejoran aspectos

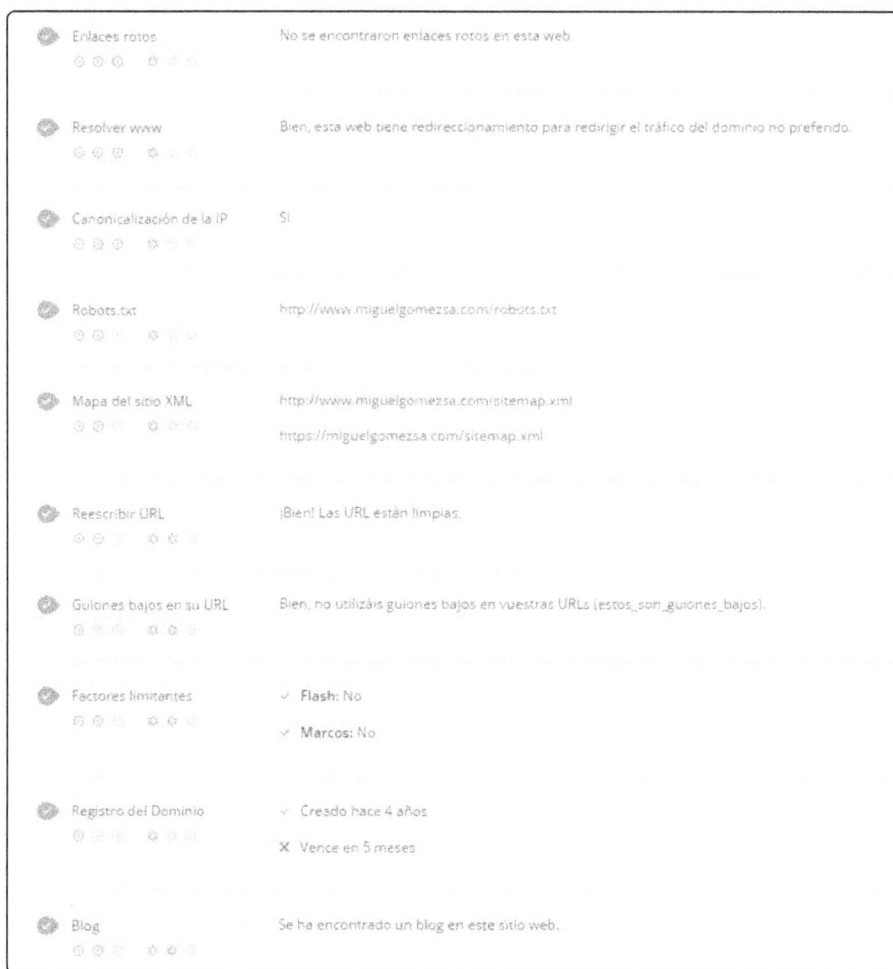

Enlaces rotos	No se encontraron enlaces rotos en esta web	
Resolver www	Bien, esta web tiene redireccionamiento para redirigir el tráfico del dominio no preferido.	
Canonicalización de la IP	Sí	
Robots.txt	http://www.miguelgomezsa.com/robots.txt	
Mapa del sitio XML	http://www.miguelgomezsa.com/sitemap.xml https://miguelgomezsa.com/sitemap.xml	
Reescribir URL	¡Bien! Las URL están limpias.	
Guiones bajos en su URL	Bien, no utilizáis guiones bajos en vuestras URLs (estos_son_guiones_bajos).	
Factores limitantes	✓ Flash: No ✓ Marcos: No	
Registro del Dominio	✓ Creado hace 4 años ✗ Vence en 5 meses	
Blog	Se ha encontrado un blog en este sitio web.	

11.2 MOZ

Moz es una referencia en el mundo del posicionamiento web. Fue una de las primeras herramientas que se utilizaron de forma profesional para medir la influencia de un sitio.

Cabe destacar la gran comunidad que hay detrás de Moz: cualquier usuario puede registrarse en su web y publicar contenido sobre SEO. Cuentan con guías tanto para principiantes como para expertos, y tienen chuletas, muy útiles para el día a día. En su web se puede encontrar un test para que cualquiera pueda ponerse a prueba en cuanto a conocimientos SEO.

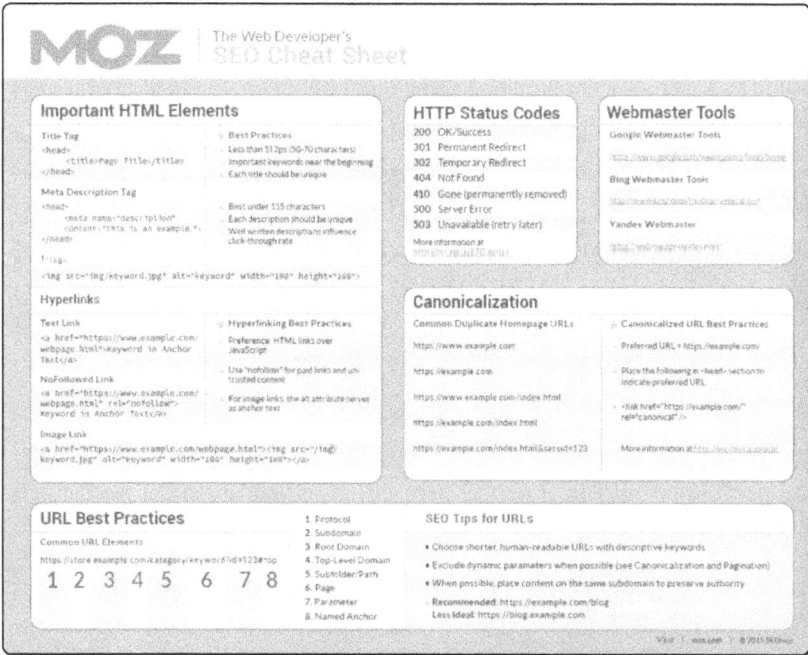

Ejemplo de chuleta para SEO de Moz

También cuenta con una sección donde se pueden realizar búsquedas sobre palabras clave, tipo KWfinder y Google Trends. Ofrece sugerencias y muestra la competencia por cada una de las palabras.

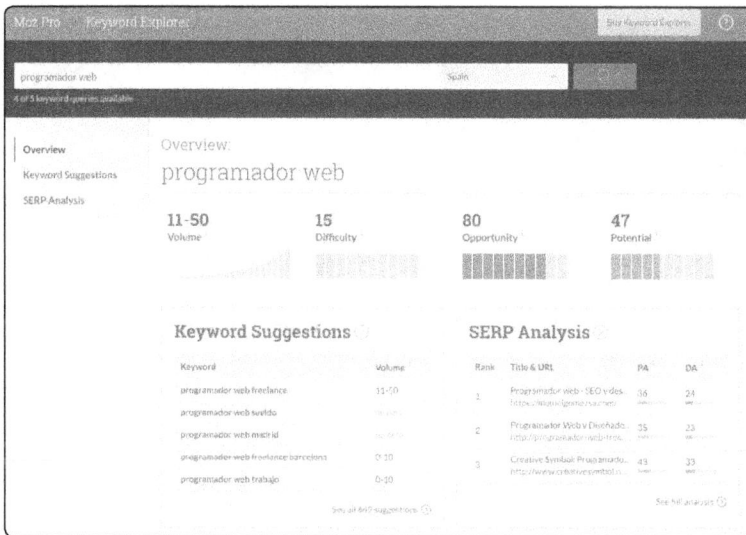

También podemos encontrar su herramienta de métrica SEO por página. Nos muestra información sobre la autoridad del dominio, la autoridad de la página, el tiempo que lleva en el índice de Moz, los enlaces salientes y entrantes, los *anchor texts*, etc.

Y por supuesto Moz pone a disposición de los usuarios un *plugin* para Chrome, la famosa barra Moz, de la que hablaremos más adelante. En ella podemos ver de un simple vistazo información muy valiosa de cada web que visitemos. Desde nuestro navegador, podemos instalar la extensión que se puede encontrar en la Google Chrome Web Store, para ser más exactos en este enlace:

https://chrome.google.com/webstore/category/extensions?hl=es

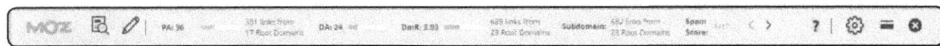

Podemos encontrar más información sobre Moz en su propia web: *https://moz.com/*

11.3 SEMRUSH

Semrush probablemente sea la herramienta más utilizada para ver qué posición ocupa nuestro sitio web en el *ranking* de Google y compararla con la posición de una o varias webs de la competencia. Muy útil para realizar campañas SEM de cualquier sitio web. Es una herramienta profesional para profesionales. Aunque el usuario de a pie también puede usarla para recabar información sobre su web.

Con ella puede encontrar nuevos nichos de mercado, estudiar a la competencia, así como encontrar las mejores palabras clave por las que pujar en Google Adwords o crear contenido Keyword Research. Concretamente puede:

- Ver informes sobre palabras clave.
- Conocer el posicionamiento orgánico de un dominio.
- El tráfico de pago generado por dominio.
- Hacer un seguimiento de éste.
- Compararlo con otro y mucho más.

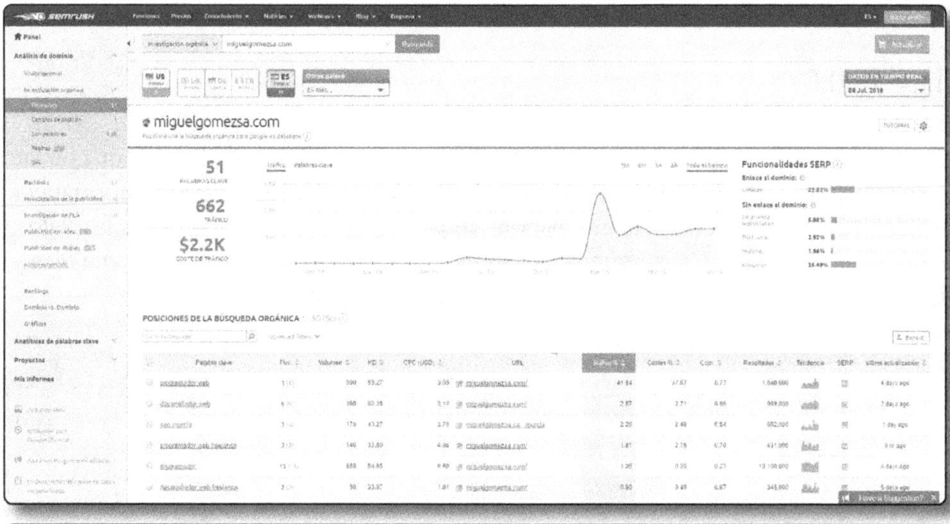

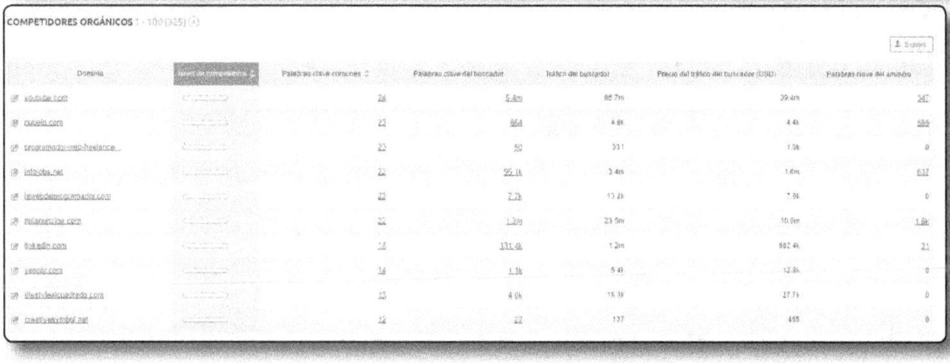

Esta herramienta, como la mayoría, ofrece pocos datos de interés sobre un dominio en su versión gratuita. Para probarla en condiciones deberá comprarla al menos un mes.

Encontrará más información sobre esta herramienta en su web: *https://es.semrush.com*

11.4 AHREF

Una espectacular herramienta que nos ofrece muchísima información con tan solo registrarnos. Se debe estar familiarizado con algunos de los términos informáticos usados en SEO a nivel de programación y posicionamiento para entender los datos. Pero quizás sea esta la herramienta más completa y fácil de usar para tener una idea y hacer un estudio a fondo de los enlaces que apuntan a nuestra web.

En ella podemos ver el número de *backlinks* y los *anchor text* de los mismos. También la cantidad de veces que se ha compartido nuestro contenido en las redes sociales.

Para comprobar la información de nuestro sitio que ofrece esta herramienta tan sólo tendríamos que registrarnos en la misma web de la misma: *https://ahrefs.com*

11.5 SEO PROFILER

Es la herramienta de análisis SEO que más me gusta para localizar *backlinks*. Es fácil de utilizar, muy completa y útil. Lo único que puede ser un inconveniente para algunos usuarios es que actualmente sólo está disponible en inglés y en alemán.

Gracias a ella descubrí enlaces hacia mi web que más que ayudar a que aumentara la autoridad de mi dominio, lo perjudicaban. Por aquel entonces tuve que utilizar la herramienta de Google para desautorizar vínculos hacia mi web. Puede acceder a ella desde este enlace: *https://www.google.com/webmasters/tools/disavow-links-main*

Ofrece información SEO *onpage* muy completa. También cuenta con una parte muy interesante, *Website Auditor*, en la que encontrará información sobre *backlinks,* enlaces rotos, contenido duplicado, advertencias que sería recomendable revisar, etc. Igualmente otros avisos sobre descripciones, *titles*, robots.txt, sitemap.xml...

Resumiendo SEOprofiler cuenta con las siguientes características:

- ▶ SEO *onpage.*
- ▶ *Backlinks.*
- ▶ Información sobre la competencia.
- ▶ Adwords.
- ▶ Social.
- ▶ Herramientas para palabras clave.
- ▶ Informes personalizados.

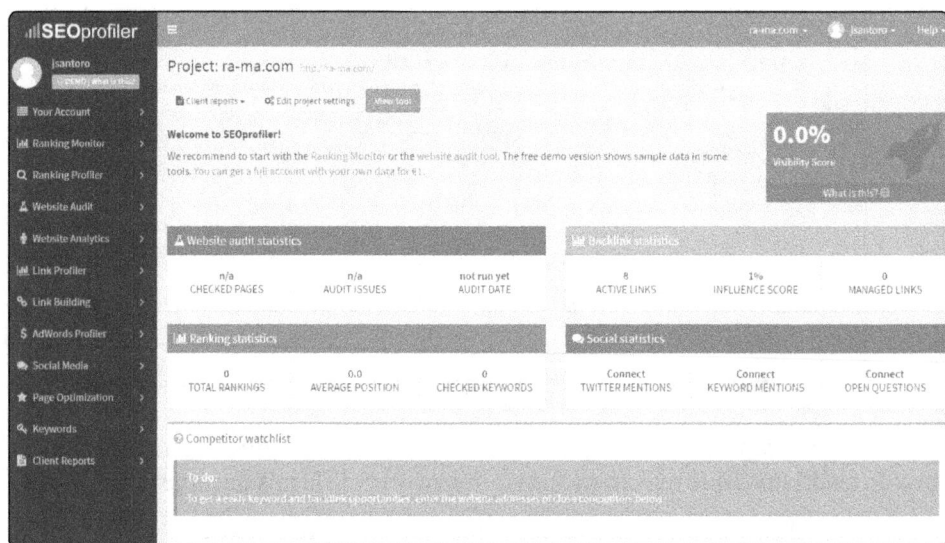

Puede probar su sitio web tan sólo con registrarse, verá información algo limitada, pero igualmente útil. Para ver la información completa deberá adquirir algún plan mensual.

11.6 KWFINDER

KWfinder es una herramienta que nos facilitará mucho nuestra labor en cuanto a *keyword research* se refiere. Es excelente para buscar palabras clave *long tail,* algo básico para elegir la mejor estrategia y tener ventaja con respecto a la competencia en SEO.

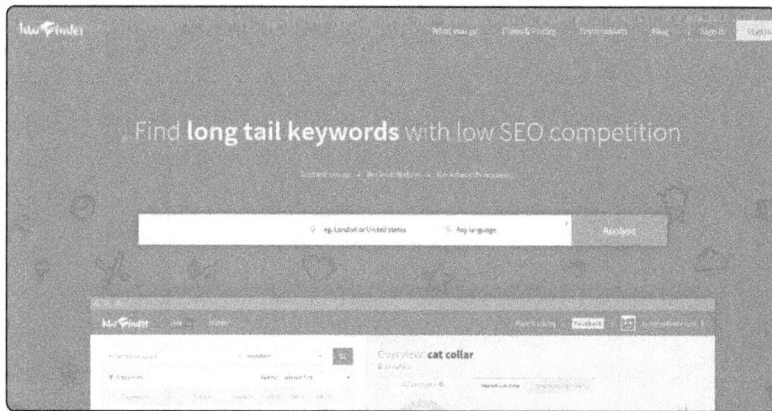

Utilizarla es bastante sencillo, cualquier persona por poca experiencia que tenga con herramientas de analítica web puede hacerlo. Basta con introducir la palabra clave de la que queramos obtener la información, el lugar, la localización de la información obtenida (cada vez más Google geolocaliza las búsquedas) y por último el idioma.

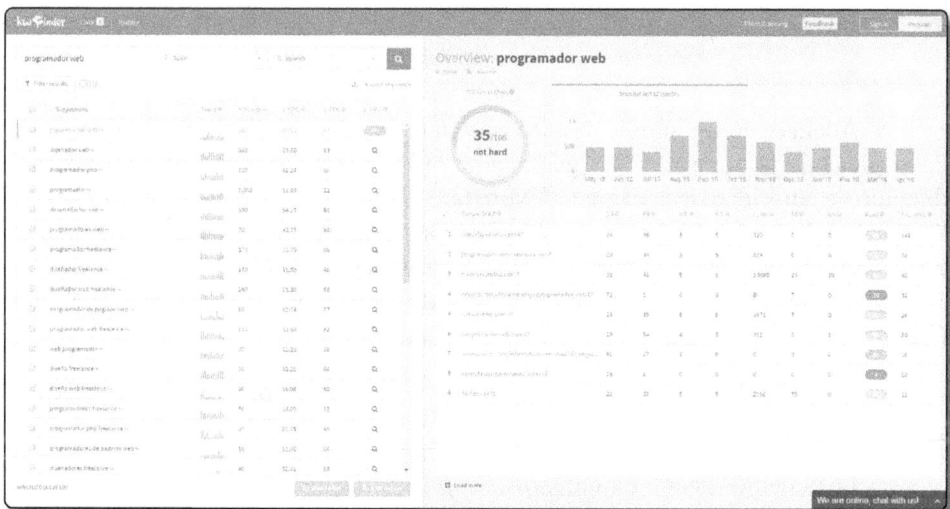

Una vez rellenado el pequeño formulario veremos los datos referentes a la palabra clave introducida; veremos el número de búsquedas mensuales, tanto de palabra clave buscada como de palabras clave semejantes; el coste por clic, la tendencia de búsqueda la palabra y la competencia. Esto último es muy importante y quizá lo más provechoso. Si lo hacemos sin contratar un plan sólo podemos ver los diez primeros resultados, aunque esto no es un grave problema, porque en muchos casos con estos resultados nos serán más que suficientes para hacernos una idea de si el nicho que buscamos cuenta con una gran competencia o no.

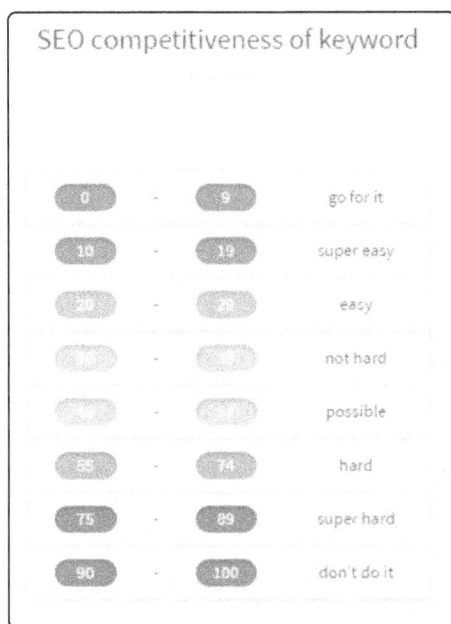

SEO competitiveness of keyword

0	-	9	go for it
10	-	19	super easy
20	-	29	easy
	-		not hard
	-		possible
55	-	74	hard
75	-	89	super hard
90	-	100	don't do it

Además de un simple vistazo nos muestra información muy completa de las páginas de la competencia. Igualmente, información tal como la autoridad del dominio, la autoridad de la página, el MozRank, MozTrust, el número de *backlinks* y la cantidad de veces que se ha compartido en las distintas redes sociales, además de un *ranking* de dificultad en cuanto a posicionamiento por esa palabra clave, que va del 0 al 100 donde 100 sería la dificultad máxima en cuanto a competir con él. Por último, contamos con una cifra de visitas estimadas al mes.

Es sin duda una herramienta que aporta mucho valor y que nos ayudará a elegir las mejores palabras clave para nuestra web.

La podemos encontrar en: *https://app.kwfinder.com*

11.7 KEYWORD TOOL IO

Keyword Tool es una herramienta parecida a KWfinder, muy útil para conocer nuevos nichos. Además es muy fácil y rápida de usar.

Su parte gratuita y a la que puede acceder cualquier usuario está bastante limitada. Aun así, esta herramienta es muy útil para conocer búsquedas por palabras clave semánticamente relacionadas o simplemente parecidas a la que nos interesa posicionar. Es una buena forma de conocer nuevos nichos relacionados con el nuestro.

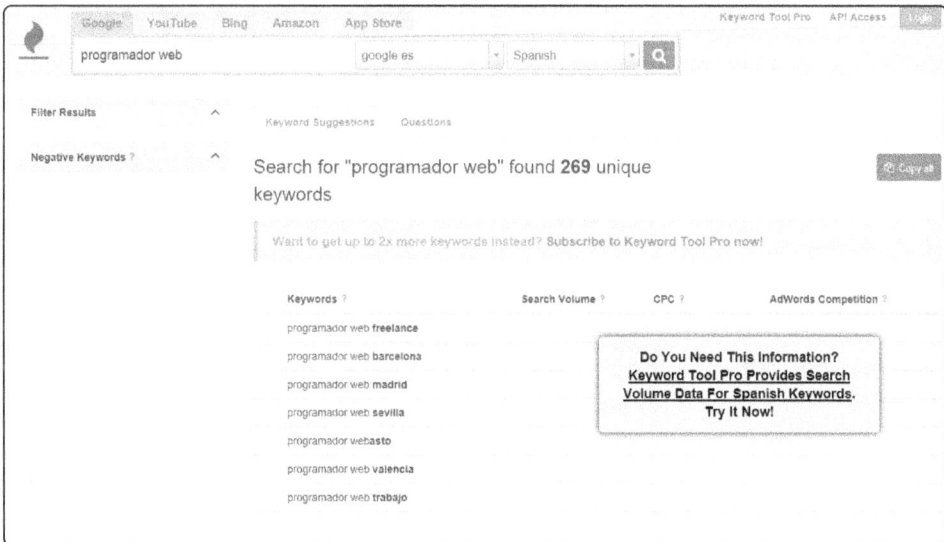

11.8 KEYWORDREVEALER.COM

Herramienta muy semejante a KWfinder, e igualmente muy útil. Nos aporta resultados que podemos contrastar con los de KWfinder y otras herramientas para cerciorarnos de que los datos son correctos y poder sacar conclusiones fiables sobre la competencia.

Como podemos observar en la imagen de abajo, tenemos de un simple vistazo el PA, DA, número de *backlinks*, MozRank, +1, Facebook *shares*, Facebook *likes*. Además de la competencia más cercana.

Puede encontrar esta herramienta en: *keywordrevealer.com*

11.9 ALEXA

Alexa.com es una división de Amazon. Es una entidad con bastante autoridad en Internet, cuenta con su propio *ranking* donde se recogen las posiciones de las webs de todo el mundo. Es una herramienta web que nos proporciona datos sobre el crecimiento o decrecimiento de las visitas a una web. Pero sólo de las 100.000 primeras web. Por lo tanto tu web debe estar entre las 100.000 primeras. Encontrará incluso una media semanal y mensual de los datos de las vistas de la web.

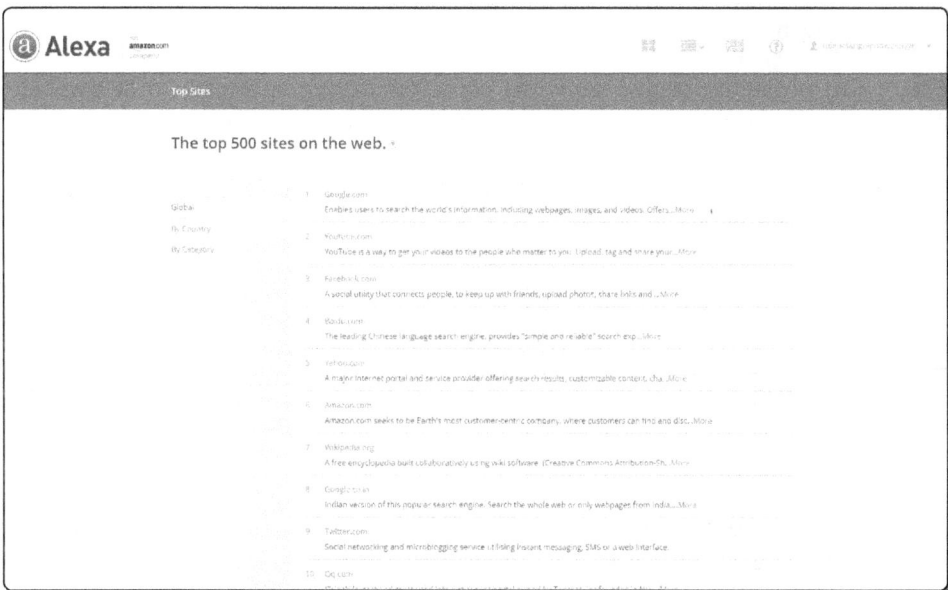

Alexa clasifica sitios web basados en una medida combinada de páginas vistas y usuarios únicos de la web. Crea una lista de sitios web "top" basados en un *ranking* promediado durante tres meses.

Tiene una versión de pago, no obstante la versión gratuita nos dará la suficiente información como para que Alexa.com sea para nosotros una herramienta tan útil como indispensable, que tendrá un papel fundamental en nuestra tarea de SEO.

Ofrece un complemento estilo barra de navegador web con las siguientes características:

▶ ▮▮▮ **Alexa Traffic Rank:** Donde mostrará cómo de popular es la web.

▶ 🔗 **Related Links:** Nos mostrará webs similares a la que estemos visitando.

▶ 🕰 **Wayback:** Donde podremos ver cómo era la web en un tiempo pasado determinado.

▶ 🔍 **Search Analytics:** Nos dirá de dónde viene el tráfico que llega a la web.

No obstante, muchos antivirus consideran el complemento o la barra de navegación como *malware*, ya que recoge información de nuestra navegación y la envía a través de internet. No obstante, esto es necesario para ofrecernos webs similares, tal como hace Google con nuestras búsquedas. Podemos decir que la privacidad se vende por el servicio.

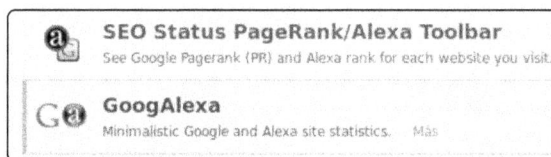

> **SEO Status PageRank/Alexa Toolbar**
> See Google Pagerank (PR) and Alexa rank for each website you visit.
>
> **GoogAlexa**
> Minimalistic Google and Alexa site statistics.   Más

Una de las cosas que podemos conseguir con Alexa es conocer en qué posición mundial o nacional está nuestra web a nivel de visitas. Aquí tenemos el *ranking* global de la web elpais.com

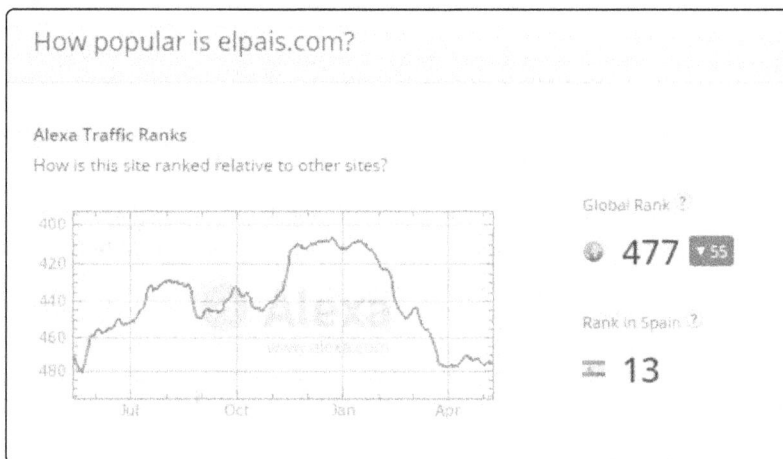

La herramienta también nos informa del país de origen de las visitas, el porcentaje y el *ranking* de Alexa de la web en el país en cuestión.

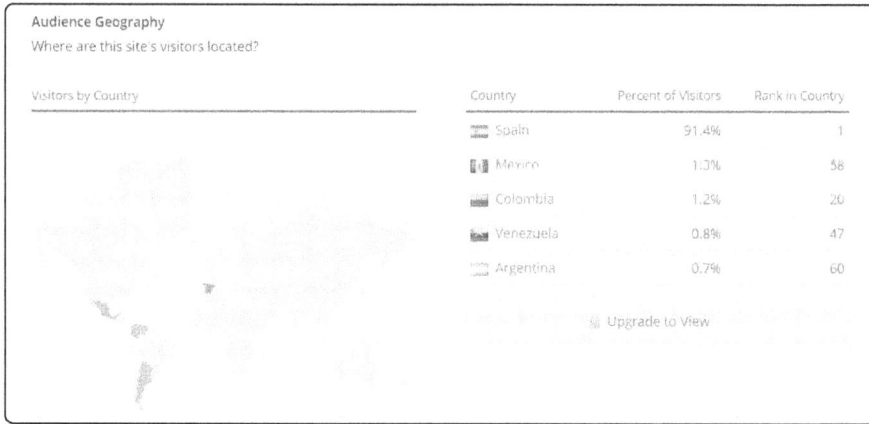

Audience Geography
Where are this site's visitors located?

Visitors by Country

Country	Percent of Visitors	Rank in Country
Spain	91.4%	1
México	1.3%	58
Colombia	1.2%	20
Venezuela	0.8%	47
Argentina	0.7%	60

Upgrade to View

Aquí nos muestra estadísticas sobre los visitantes, ratio de los que vuelven, páginas vistas por visitante diario y tiempo medio de visita diario.

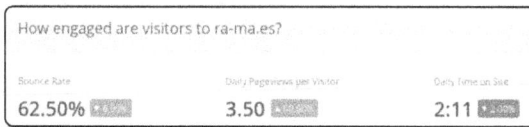

How engaged are visitors to ra-ma.es?

Bounce Rate	Daily Pageviews per Visitor	Daily Time on Site
62.50%	3.50	2:11

El histórico del tráfico de búsquedas no está disponible. Sí podemos ver en cambio desde dónde vienen los visitantes. Para esta web los visitantes escriben las palabras clave "diseño de interfaces web" y "Ra-Ma".

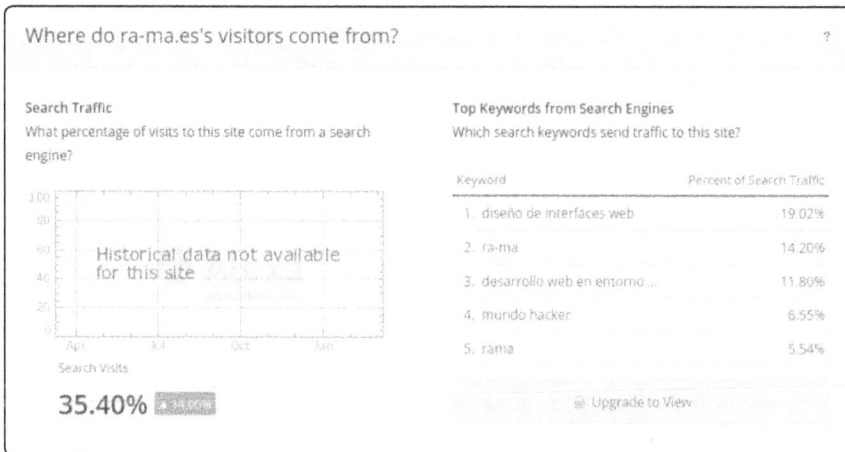

Where do ra-ma.es's visitors come from?

Search Traffic
What percentage of visits to this site come from a search engine?

Historical data not available for this site

Search Visits
35.40%

Top Keywords from Search Engines
Which search keywords send traffic to this site?

Keyword	Percent of Search Traffic
1. diseño de interfaces web	19.02%
2. ra-ma	14.20%
3. desarrollo web en entorno...	11.80%
4. mundo hacker	6.55%
5. rama	5.54%

Upgrade to View

Aquí tenemos el porcentaje de visitantes únicos que vienen desde google.es.

Upstream Sites

Which sites did people visit immediately before this site?

Site	Percent of Unique Visits
1. google.es	22.9%

Alexa.com nos dice de dónde vienen los visitantes, así como las páginas web que enlazan a la web ra-ma.es

What sites link to ra-ma.es?   ?

Total Sites Linking In   **131**

Site	Page
1. secureserver.net	ip-173-201-142-193.ip.secureserver.net...
2. forocoches.com	forocoches.com/foro/showthread.php?t=2...
3. dmoz.org	dmoz.org/World/Español/Regional/Europa...
4. uned.es	ia.uned.es/~fjdiez/docencia/proyectos-...
5. blogspot.cl	guiadelaradioblog.blogspot.cl

Upgrade to View

Aquí tenemos más estadísticas sobre qué páginas web están relacionadas con ra-ma.es. Categorías de sitios web relacionados, páginas web con nombres similares...

What sites are related to ra-ma.es? ?

Related Links

1. perso.wanadoo.es

2. es10.com

3. fgm.es

4. editorialalmuzara.com

5. edicioneslalibreria.com

6. edicioneselsenderista.com

7. ediciones-eni.com

8. tienda.cyberdark.net

9. brontelibreria.com

10. blume.net

Less

Categories with Related Sites

World > Español > Regional > Europa > España >
Economía y negocios > Compras > Publicaciones > Libros

Sites with similar names

1. ra-menzanmai.com

2. ra-micro.de

3. ra-menkikou.net

4. ra-maas.de

5. ra-micro-weimar.de

6. ra-men.biz

7. ra-micro-elearning.de

8. anunta-ma.ro

9. ma-ma.ru

Less

Podemos editar la información de nuestra web, eso sí, debemos incluir una línea en nuestro código fuente para verificar la propiedad del sitio. Como ocurre cuando damos de alta una nueva propiedad en Google Search Console.

Where can I find more info about ra-ma.es? ?

+
Add Logo

Editorial Ra-Ma

Site Description

Venta en línea de libros de informática y computación.

Contact

Contact information is not available.

How did ra-ma.es look in the past?

Edit Site Info

Alexa.com nos proporciona también información sobre los visitantes.

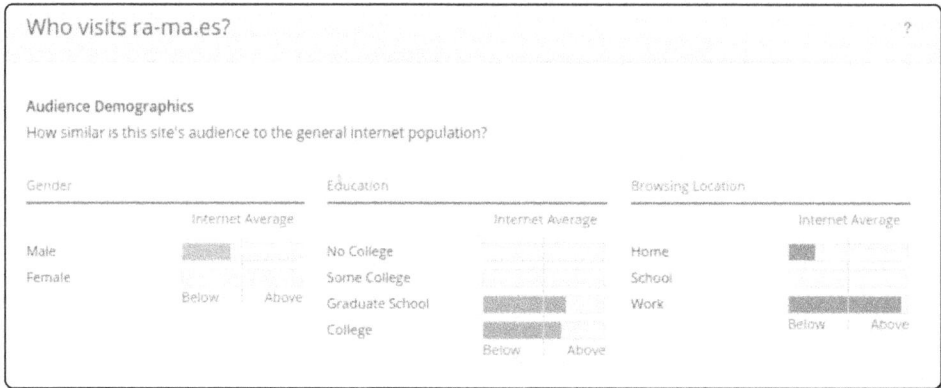

Si quiere averiguar su posición en Alexa visite el siguiente enlace e introduzca su web en el buscador: *alexa.com/siteinfo*

11.10 ONPAGE.ORG

Onpage.org ofrece un *software* muy potente que cuenta muchas herramientas para mejorar nuestro posicionamiento web. Si ha manejado Wordpress alguna vez conocerá seguramente el más completo *plugin* para mejorar y optimizar el SEO de nuestra web, el *plugin* para SEO de Yoast. Pues bien onpage.org y Yoast conforman el dúo perfecto.

Con esta herramienta podemos beneficiarnos de las siguientes características:

▶ Optimización técnica.

▶ Monitorización de palabras clave.

▶ Optimización de contenido.

▶ Análisis por páginas.

▶ Monitorización competitiva.

Una de las principales características es su herramienta Navigator, en la que podemos encontrar una serie de tareas básicas a realizar por cualquiera que se esté iniciando en el mundillo del posicionamiento en buscadores. Lo realmente bueno que encontramos es que cada una de las tareas cuenta con documentación sobre cómo llevarla a cabo. Por lo tanto, ya no podremos poner la falta de conocimiento como excusa para ponernos a trabajar en mejorar el SEO de cualquier web.

Tareas que nos aconseja realizar:

▶ Crear una cuenta de Google.

▶ Crear una cuenta de Bing.

▶ Iniciar sesión en Google Search Console.

▶ Iniciar sesión en Bing Webmaster Tools.

▶ Hacer que su dominio sea accesible con o sin www: configurar una redirección para su página de inicio.

▶ Integrar Google Analytics.

▶ Añadir un Favicon.

▶ Utilizar la herramienta de Google Page Speed para probar el rendimiento de su sitio web.

▶ Crear un sitemap.xml.

▶ Enviar un Sitemap.xml a Google.

▶ Enviar un Sitemap.xml a Bing.

▶ Crear o definir una página secundaria especial para su SEO consultor de palabras clave.

▶ Crear o definir una página secundaria especial para su libro electrónico palabra clave SEO.

▶ Crear o definir una página secundaria especial para su alojamiento de palabras clave.

▼ Crear o definir una página secundaria especial para su web programador de palabras clave.

▼ Optimizar la vinculación interna de su sitio web.

▼ Crear una página de fans en Facebook.

▼ Configuración de una cuenta de Twitter para su empresa.

▼ …

Su herramienta Focus ofrece una información bastante completa sobre aspectos de nuestra web, con los que podemos comprobar si contiene errores o por el contrario cumple con todas las premisas en las que cualquier motor de búsqueda se fija a la hora de indexar nuestra web.

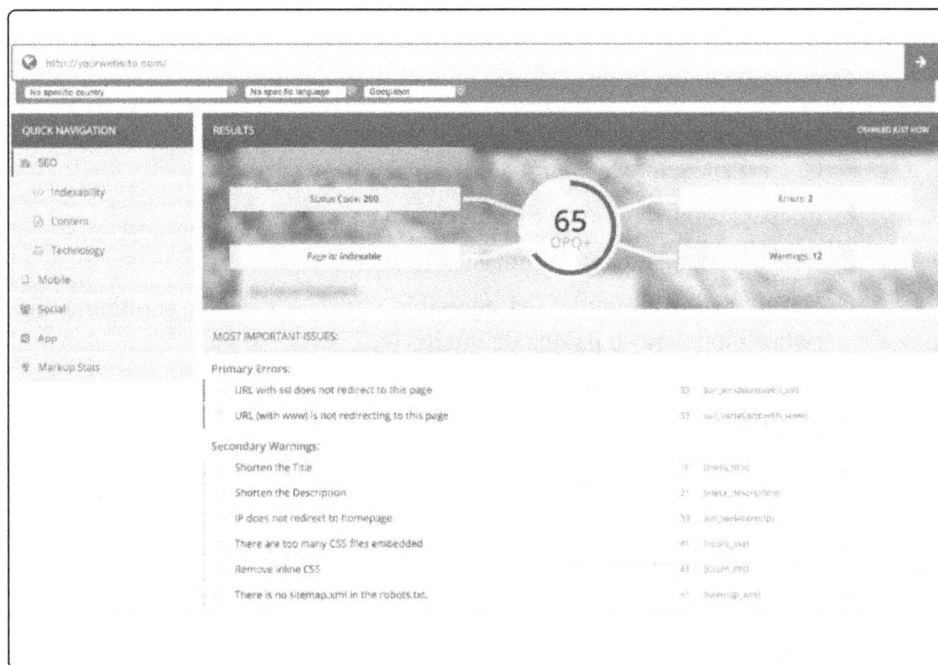

OnePage como otras herramientas tiene su propio rango, una versión del PageRank de Google que puede variar de 0 a 100. Representa el valor que recibe cada página de sus enlaces. Es un indicador de popularidad e importancia de una página dentro de la arquitectura de una web.

La distribución del Page Rank dentro de nuestra web también es una información importante a tener en cuenta. Con ello podemos saber y valorar qué páginas nos interesa que reciba más Page Rank que otras. No olvidemos que podemos decidir qué página va a recibir más Page Rank que otra poniendo más enlaces en nuestra web hacia esa misma, por ejemplo en el menú o en el *sidebar*. Lo que suele suceder con las categorías de un blog.

Table: Distribución del PageRank

OPR ▾	Documento
100	Programador web - SEO y desarrollador freelance – Consul... 🔒 https://miguelgomezsa.com/
48	El blog del programador Web y especialista SEO 🔒 https://miguelgomezsa.com/blog
48	Categoria Desarrollo web 🔒 https://miguelgomezsa.com/blog/categoria/desarrollo-web
48	Categoria SEO 🔒 https://miguelgomezsa.com/blog/categoria/seo
45	SEO luego Existo - El ebook sobre SEO de manos de un pro... 🔒 https://miguelgomezsa.com/seccion/seo-luego-existo-ebook
40	Suscribete gratis y descárga mi ebook gratuito sobre herra... 🔒 https://miguelgomezsa.com/seccion/ebook-gratuito-herramientas-web
37	Categoria Hosting en general 🔒 https://miguelgomezsa.com/blog/categoria/hosting
37	Categoria Otras 🔒 https://miguelgomezsa.com/blog/categoria/otras
37	Categoría Wordpress 🔒 https://miguelgomezsa.com/blog/categoria/wordpress
37	Herramientas imprescindibles de Google para tu web 🔒 https://miguelgomezsa.com/blog/herramientas-imprescindibles-para-web-de-google
37	Hostgator y Webempresa la realidad sobre Hosting 🔒 https://miguelgomezsa.com/blog/hostgator-webempresa-recomendar-o-vender-hosting
37	Recursos para Desarrollo Web, SEO, Marketing y Social Med... 🔒 https://miguelgomezsa.com/blog/recursos-desarrollo-web

11.11 BROKEN LINK CHECK

Broken link check es una herramienta básica para detectar los enlaces rotos de nuestra web. Cualquier motor de búsqueda tiene en consideración la calidad de los enlaces de cualquier web, por lo tanto, es labor de cualquier consultor SEO llevar un mantenimiento de éstos y asegurarse de que los enlaces de nuestra web estén siempre activos.

Recomendaría comprobar si nuestra web tiene enlaces rotos al menos una vez al mes. Recomiendo siempre hacerlo marcando la opción *Report all occurrences of each dead link*, para que nos informe sobre todas las ocurrencias de cada link roto y así poder localizarlas mejor y corregirlas.

Este es el enlace a la herramienta: *http://brokenlinkcheck.com/*

11.12 W3C

La W3C es el consorcio internacional encargado del crecimiento sostenible de la web. Se encargan de generar recomendaciones y estándares, asegurando así el uso y extensión de la *World Wide Web* tanto en el presente como en el futuro. Y evitando que sean las grandes corporaciones las que manipulen a su antojo y creen su propia tecnología para la web.

La W3C pone a disposición de cualquier usuario, ya sea desarrollador o propietario de una web o blog, documentación donde se recogen estándares, técnicas y buenas prácticas en cuanto a la creación de webs. Además en su web podemos encontrar ciertas herramientas para comprobar por ejemplo que nuestra web usa código HTML, CSS, RSS bien formado, herramientas muy útiles para desarrolladores.

Nu HTML Checker
Checks HTML documents.

Mobile Checker
Be Mobile Friendly

CSS Validator
Checks your Cascading Style Sheets (CSS)

Link Checker
Checks your web pages for broken links

Internationalization Checker
Checks level of internationalization - friendliness

Markup Validator
Checks the markup of your Web documents (HTML or XHTML)

RDF Validator
Checks and visualizes RDF documents

RSS feed Validator
Validator for syndicated feeds (RSS and Atom feeds)

Unicorn
Unified validator: HTML, CSS, Links & Mobile

W3C Validator

Es muy buena señal que nuestra página web pase la validación de la W3C sin errores, aunque a veces es inevitable tenerlos, sobre todo cuando usamos en nuestra web scripts o *plugins* de terceros. De todas formas una web sin errores es sinónimo de un trabajo bien hecho. Google también tiene en cuenta los errores que tiene nuestra web a la hora de posicionarla en su *ranking*.

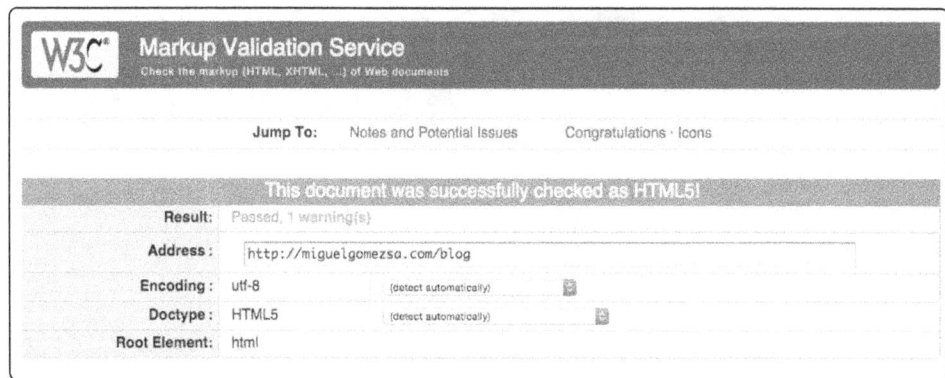

W3C Markup Validation Service
Check the markup (HTML, XHTML, ...) of Web documents

Jump To: Notes and Potential Issues   Congratulations · Icons

This document was successfully checked as HTML5!

Result:	Passed, 1 warning(s)
Address:	http://miguelgomezsa.com/blog
Encoding:	utf-8 (detect automatically)
Doctype:	HTML5 (detect automatically)
Root Element:	html

▶ Para HTML: *http://validator.w3.org*
▶ Para CSS: *https://jigsaw.w3.org/css-validator*

W3C Link Checker

Con esta herramienta podemos comprobar si tenemos en nuestra web enlaces rotos o caducados, es decir, enlaces que ya no funciona, que no nos llevan a ningún sitio web o ver si ha sido redirigido a otro sitio. Una herramienta muy útil sin duda. Google también tiene en cuenta la cantidad de enlaces rotos, una web con demasiados enlaces rotos puede ser penalizada a la hora de ser posicionada en el *ranking*.

W3C Link Checker: *http://validator.w3.org/checklink*

W3C mobileOK checker

Con esta herramienta podemos comprobar nosotros mismos si nuestra web está correctamente adaptada a dispositivos móviles, *smartphones* o tabletas. Debemos usar herramientas webs que nos lo puedan asegurar, como por ejemplo la herramienta de Google o esta misma de la W3C. Además nuestra web debe cumplir algunas características como las siguientes:

- ▶ Utilizar tamaños de fuente que se puedan leer.
- ▶ Aplicar el tamaño adecuado a los botones táctiles.
- ▶ Separar los enlaces para que se puedan utilizar con los dedos.
- ▶ Configurar ventana gráfica.
- ▶ Adaptación del contenido a la ventana gráfica.
- ▶ Optimizar imágenes.

Validador de la W3C: *https://validator.w3.org/mobile*

11.13 EXTENSIONES PARA EL NAVEGADOR

Una extensión para el navegador, también llamada *addon* o *plugin* para el navegador, es un programa que nos ofrece funcionalidades extra y que podemos instalar en los distintos navegadores existentes: Mozilla Firefox, Google Chrome, Opera, Safari y pronto Microsoft Edge.

Hay muchos tipos de extensiones para los diferentes navegadores. Unas nos brindan funcionalidades extra, como poder sacar una captura de una página web, como es el caso de Full Page Screen Capture, otras muy útiles que alteran el contenido de la web, como por ejemplo los AdBlock o bloqueadores de publicidad. Algunas extensiones nos muestran información adicional por cada resultado de búsqueda de Google, como es el caso de una de las características con las que cuenta la extensión de Moz para Google Chrome: modificando el resultado HTML e incluyendo la información en él. En este capítulo nombraremos las algunas muy útiles para *webmasters* y consultores SEO.

Podemos encontrar muchas en las propias tiendas de los navegadores. A continuación hablaré un poco sobre las que se suelen usar para desarrollo web y optimización SEO. Las podemos encontrar en la Google Chrome Web Store, disponible para Google Chrome y Google Chrome Canary (la versión de Google Chrome para desarrolladores).

Chrome Web Store

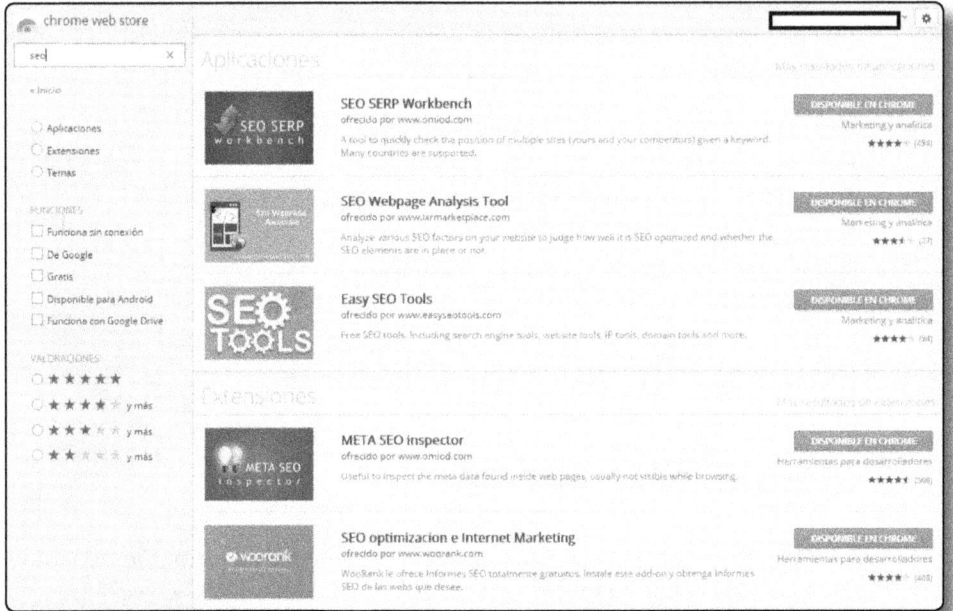

Puede acceder a la Chrome Web Store desde este enlace:
https://chrome.google.com/webstore/category/extensions?hl=es

Web Developer Checklist

Esta extensión es muy útil para cualquier desarrollador web. Además es realmente fácil de usar: basta con instalarla y hacer clic en su icono mientras estamos en cualquier página de una web, ya sea nuestra o ajena. Analiza de forma rápida nuestra web y nos muestra una serie de requisitos que debe cumplir para conseguir una correcta arquitectura web, usabilidad y rendimiento. Nos ayuda a descubrir errores y asegurarnos de usar siempre las mejores prácticas en cuanto a desarrollo web.

Lista de los aspectos que podemos mejorar un sitio web en concreto:

Web Developer Checklist

SEO
- x Add meaning with Microdata
- √ Meta description
- √ Robots.txt exist

Mobile
- √ CSS Media Queries
- √ Viewport meta tag

Usability
- x Favicon
    - Online generator
- √ Use friendly URLs
- x HTML validation (6 errors)

Accessibility
- √ WAI-ARIA Landmarks
- √ Use 'alt' attributes on images

Environment integration
- x Twitter Cards
- √ OpenGraph/Facebook
- √ Windows 8/Windows Phone
- x Apple iOS

Performance
- √ Number of DOM elements (552)
- x Google PageSpeed score of 89/100

More info and help webdevchecklist.com

Open SEO Stats

Open SEO Stats es una herramienta multiusos. En ella podemos consultar una gran y variada información como la geolocalización, Whois, enlaces y páginas indexadas, tráfico que recibe, y demás información referente a cualquier web. Incluso podemos calcular la velocidad web de la misma. Ofrece además accesos directos a las herramientas para webmaster de los principales motores de búsqueda, tales como Google, Bing, Baidu y Yandex.

Imagen del *plugin* Open SEO Stats sobre mi web, *miguelgomezsa.com*

Majesitc Backlinks Analyzer

Majestic, junto con Ahref, es de las herramientas más fiables en cuanto a *backlinks*. Nos proporciona información importante sobre éstos, incluido el Citation Flow y el Trust Flow.

Todo esto sin salir de nuestra web.

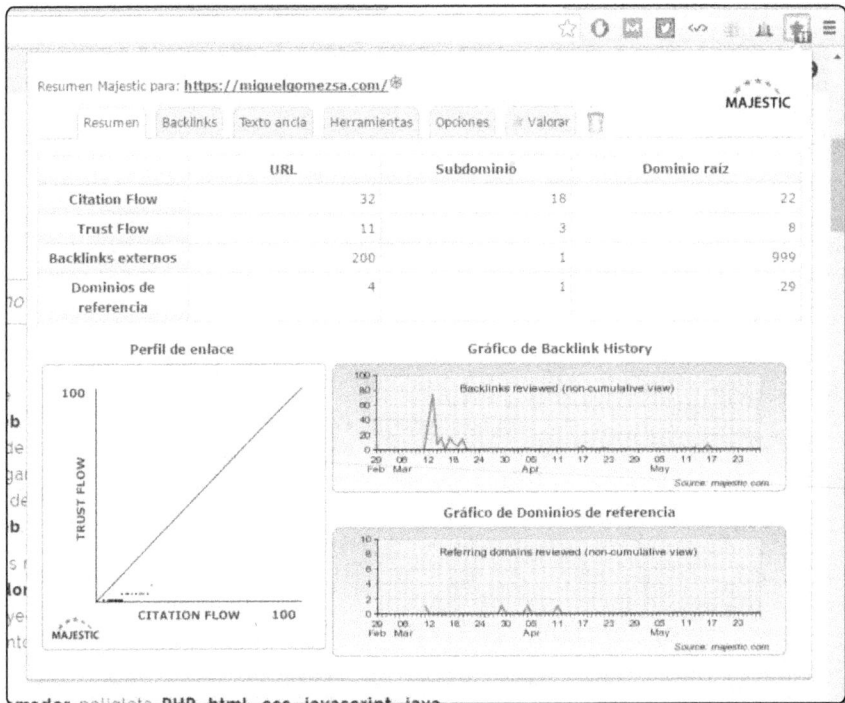

Imagen del plugin Majestic Backlinks Analyzer sobre mi web

Mozbar

Como ya hemos hablado anteriormente Moz es una importante herramienta a tener en cuenta por su gran aportación al mundo del posicionamiento web. En este apartado vamos a hablar de la extensión para navegadores que ofrece.

La extensión de Moz nos sirve de gran utilidad para mejorar el posicionamiento de nuestra web. Es muy fácil de usar: basta también con instalarla y navegar por cualquier página web.

Nos permite comparar métricas de enlace entre los diferentes resultados de Google. Esto resulta de mucha utilidad para saber el nivel de competencia que podemos tener en cuanto a una o varias palabras clave. Además podemos ver la métricas ofrecidas por las redes sociales como Facebook y Google +.

Imagen de la información que muestra el plugin Moz en los resultados de búsqueda de Google

A continuación una de las imágenes que nos muestra el *plugin* una vez que lo usemos dentro de nuestra web. En él podemos ver por ejemplo el *Spam Score*, rango utilizado para saber si el dominio ha sido o puede ser penalizado por Google, las veces que se ha compartido el contenido en las redes sociales y meta información como los elementos on-page, atributos generales, y métricas de enlaces, entre otras cosas.

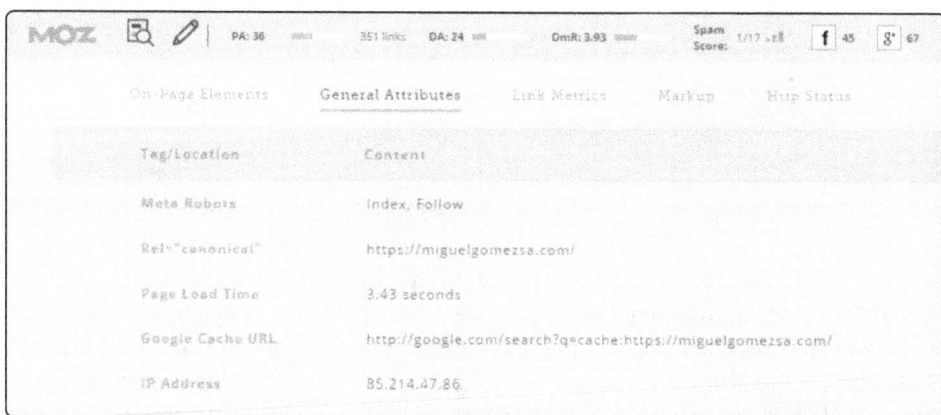

SEO Quake

Es un *plugin* descargado por más de 3 millones de usuarios. Al igual que la barra de Moz, nos muestra información en los propios resultados de búsqueda de Google.

Podemos ver de un vistazo cifras tales como el número de páginas indexadas en Google, el número de páginas indexadas en Bing, el rango en Alexa, también la fecha de la última vez que se hizo una captura en archive.org, el Whois, un acceso directo al código fuente de la misma, el número de *backlinks* hacia ese dominio en general y a esa página en particular, el rango según Semrush. Además tenemos un filtro por el que podemos ordenar los resultados por todos los criterios que acabo de nombrar.

Por lo que podemos ver, es un lo de los *plugins* más completos que podemos encontrar. También tenemos a nuestra disposición la posibilidad de hacer un diagnóstico de cada una las páginas que queramos. Esto nos servirá para ver y analizar los posibles errores, así como poder mejorar todos los puntos que nos marca. Podemos supervisar tanto los enlaces internos como los externos, cosa que nos servirá de gran ayuda.

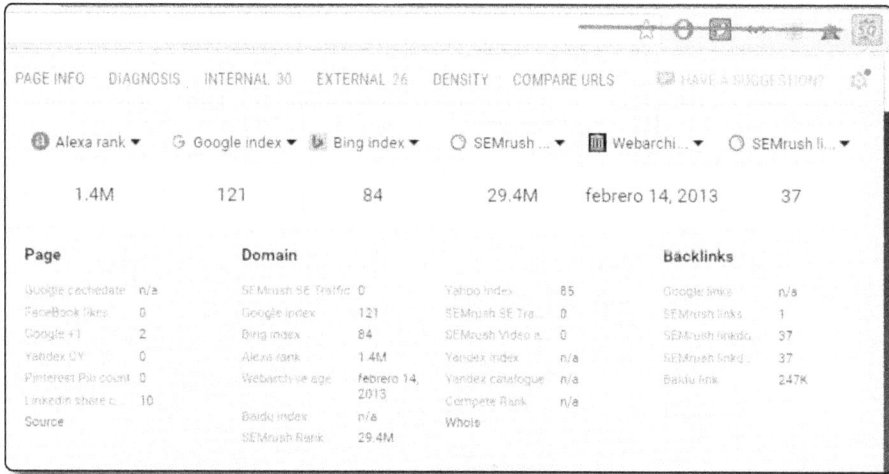

Una de las características que destacaría de este *plugin* es el apartado DENSITY, donde podemos ver las palabras clave de contenido de nuestro sitio web. Podemos ver como tiene en cuenta la aparición de las mismas en los títulos, meta descripciones, negritas, incluso en las *meta keywords*.

Keyword	Found in	Repeats	Density	Prominence
web	T D K H1	39	3.34%	58.60%
seo	T D K H1	36	3.08%	52.54%
para		25	2.14%	51.60%
más		24	2.06%	54.47%
miguel	D	13	1.11%	59.32%
compartir		12	1.03%	50.24%
leer		12	1.03%	50.16%
sobre	D	10	0.86%	42.37%
blog	T D K H1	9	0.77%	81.07%
ebook		9	0.77%	34.41%
google	K	9	0.77%	47.95%
desarrollo	D K	9	0.77%	32.71%
mejor		8	0.69%	48.63%
amazon		7	0.60%	41.65%

12

SEO EN WORDPRESS Y OTROS CMS

Wordpress es el gestor de contenidos más usado en Internet. Esto es debido a varias razones, entre ellas su gran facilidad de uso, buen rendimiento, buena documentación y facilidad para crear *plugins*.

De entre todo lo que ofrece, destacaremos en este apartado su optimización para SEO, aunque no es un aspecto que Wordpress lleve intrínseco, sino que se añade por medio de *plugins*.

Wordpress, al ser el CMS más usado, también es el que cuenta con mayor número de *plugins* y herramientas disponibles para los usuarios. Algunas muy buenas, incluso gratuitas.

El CMS tiene también un inconveniente, que comparte con el resto de CMSs, y es que es necesaria una plantilla, que es la que se comunica con el núcleo de Wordpress, y al final nuestra web tendrá las funcionalidades, diseño y características que nuestra plantilla nos ofrezca. Si queremos salirnos de ahí, tendremos que programar, modificar la plantilla o crear *plugins*. Dependiendo de los cambios merecerá la pena o no.

Con Wordpress se puede hacer casi cualquier cosa. Pero tampoco conviene usar Wordpress para todo. Si tenemos un proyecto ambicioso con el que se prevé un gran crecimiento a lo largo del tiempo, lo mejor es contar con un desarrollo a medida. Es el caso de ERP, CRM, sistemas de gestión avanzados, tiendas *online* medianas y grandes, sistemas donde se requieran roles de usuarios avanzados... A la larga será más fácil de mantener, ampliar características y programar nuevas funcionalidades.

12.1 PLANTILLA

La elección de la plantilla o *theme* quizás sea lo más complicado a la hora de trabajar con Wordpress. Ésta es la primera que le empieza a poner limitaciones a nuestra página web, será decisiva a la hora de las funcionalidades y la apariencia, dado que cada plantilla puede tener diseños, características diferentes así como ofrecer distintas opciones de configuración.

En Wordpress una plantilla puede hacer que nuestro sitio sea un sencillo y bonito blog (para lo que inicialmente se creó Wordpress), hasta una tienda *online* (usando también el famoso *plugin* Woocomerce), otra opción que podemos encontrar es la de tener un portfolio, una página personal, una revista, una página corporativa, una inmobiliaria (real state), hasta un sinfín de cosas. Además cada día se programan nuevas características.

El rendimiento y la optimización es un aspecto que por supuesto también debemos tener en cuenta a la hora de elegir la plantilla adecuada, dado que puede repercutir en el SEO y la experiencia de usuario. Por eso no debemos olvidar que una plantilla muy completa, con muchas opciones y características probablemente también sea más lenta que una plantilla sencilla. En cualquier caso, con un *plugin* de caché podemos mejorar el rendimiento de nuestra página web. Teniendo en cuenta que el rendimiento de un desarrollo a medida es mucho mayor que cualquier CMS, dado que se desarrolla con las funcionalidades deseadas, podemos considerar que Wordpress cuenta con un buen rendimiento ya de por sí. En el momento de la creación de cualquier proyecto es importante saber discernir si necesitamos un desarrollo a medida o podemos decantarnos por usar Wordpress.

12.2 PLUGINS ESENCIALES PARA SEO EN WORDPRESS

12.2.1 SEO en sentido estricto

En este caso hablamos del *plugin* "Yoast SEO", aunque hay muchos otros disponibles de forma gratuita que se pueden añadir a Wordpress y también trabajan este aspecto, pero es el que yo recomiendo, el más usado y el que mejor rendimiento y características ofrece.

Este *plugin* incorpora a nuestro Wordpress funcionalidades y características que mejoran el SEO en muchos aspectos. A parte de facilitar la creación del fichero sitema.xmlp, robots.txt y elegir qué páginas indexar en Google, nos permite

características básicas como editar la Meta descripción de todas y cada uno de nuestras páginas, entradas de blog e incluso productos si tuviéramos Woocommerce.

Podemos editar, por ejemplo, el SERP de Google para ver cómo quedaría.

Otra de las características que ofrece es una ayuda en tiempo real sobre nuestro contenido, como podemos ver en la siguiente imagen:

Al final debemos abarcar éstos y otros muchos aspectos para optimizar al máximo nuestro SEO. Incluso un desarrollo a medida es vital que abarque estas características.

12.2.2 Caché

La caché es muy útil para mejorar la velocidad y por tanto la experiencia de usuario de cualquier web. Hay varios *plugins* para hacerlo. Algunos incluso comprimen los ficheros javascript y los estilos, minificándolos y optimizándolos para que ocupen menos y esto ocasione que se descarguen más rápido. También pueden modificar las cabeceras de nuestras respuestas HTTP, comunicándole al navegador que puede cachear las imágenes y demás ficheros por un periodo de tiempo en concreto, evitando la petición de los mismos de nuevo, por cada visita.

Yo siempre utilizo y recomiendo el *plugin* de cache para Wordpress llamado WP Fastest Cache.

Settings	Delete Cache	Cache Timeout	Image Optimization	Premium	Exclude	CDN

Cache System: ✔ Enable

Preload: ✔ Create the cache of all the site automatically ℹ

Logged-in Users: ✔ Don't show the cached version for logged-in users

Mobile: ☐ Don't show the cached version for desktop to mobile devices

Mobile Theme: Create cache for mobile theme

New Post: ✔ Clear all cache files when a post or page is published

Minify HTML: ✔ You can decrease the size of page ℹ

Minify HTML Plus: More powerful minify html

Minify Css: ✔ You can decrease the size of css files ℹ

Minify Css Plus: More powerful minify css

Combine Css: ✔ Reduce HTTP requests through combined css files ℹ

Minify Js: You can decrease the size of js files

Combine Js: ✔ Reduce HTTP requests through combined js files (**header**) ℹ

Combine Js Plus: Reduce HTTP requests through combined js files (**footer**)

Gzip: ✔ Reduce the size of files sent from your server ℹ

Browser Caching: ✔ Reduce page load times for repeat visitors ℹ

Language: English ▼

Submit

12.2.3 Imágenes

Optimizar las imágenes es algo que siempre debe hacerse en cualquier web, ya que nos proporciona directamente un aumento en el rendimiento de la misma.

Wordpress ya lo hace a su manera cuando subimos una imagen a la biblioteca. Automáticamente crea las miniaturas, normalmente imágenes cuadradas de 150x150px, independientemente de si la nuestra lo es o no (esto lo hace recortando nuestra imagen). También crea dos imágenes más en dos resoluciones diferentes, una de tamaño mediano 300x300px y otra de tamaño grande 1040x1024 px.

Tamaño de las imágenes

Los tamaños de la siguiente lista determinan las dimensiones máximas en pixel a usar cuando se añada una imagen a la Biblioteca de medios.

Tamaño de la miniatura   Ancho 150   Altura 150
                              ☑ Recortar las miniaturas en las dimensiones exactas (normalmente, las miniaturas son proporcionales)

Tamaño medio   Anchura máxima 300   Altura máxima 300

Tamaño grande   Anchura máxima 1024   Altura máxima 1024

Subida de archivos

☑ Organizar mis archivos subidos en carpetas basadas en mes y año

Panel de administración de Wordpress > Ajustes > Medios.

Además, como no sólo se trata de la resolución de la imagen, sino también de la compresión, podemos valernos de otro *plugin* llamado WP Smush que optimiza la compresión de las mismas sin perder demasiada calidad.

12.2.4 Otros

Hay muchos otros *plugins* creados para Wordpress que nos pueden dar funcionalidades específicas que en algún momento nos hacen falta sobre temas concretos.

Uno de ellos es Sumome, un *plugin* que le facilitará la visualización de mapas de calor en cualquier página, la incorporación de cajetines de suscripción por medio de modales, test A/B, además de una recopilación de datos bastante amplia de los usuarios que visiten nuestro sitio.

Este *plugin* funciona tanto en Wordpress o cualquier otro CMS, como en su propio desarrollo a medida.

En cuanto a seguridad, hay *plugins* que nos pueden ser útiles para mejorar la seguridad de Wordpress, aunque ello no quiere decir no sea seguro. La mayoría de webs hechas con Wordpress que han sido crackeadas lo fueron porque los usuarios de las mismas utilizaban contraseñas inseguras. Estos *plugins* nos ofrecen información referente a la seguridad de nuestra: posibles agujeros de seguridad, nos ayudan a utilizar contraseñas más fuertes, nos avisan de los posibles ataques, bloquean IPs contenidas en listas negras que realizan ataques *spam*, previenen los ataques DDOS, nos avisan por medio de *email*s cada vez que un usuario ha intentado acceder a nuestro panel, entre otras cosas.

ÍNDICE ALFABÉTICO

www.ingramcontent.com/pod-product-compliance
Lightning Source LLC
Chambersburg PA
CBHW080544220326

41599CB00032B/6357